INTERMEDIATE LEVEL HINDI

माध्यमिक हिन्दी

Intermediate Level Hindi
A Textbook

माध्यमिक हिन्दी
पाठ्य-पुस्तक

SHEELA VERMA

MANOHAR
2026

First published 2002
Reprinted 2007, 2019, 2021, 2019, 2023, 2024, 2025, 2026

ISBN 978-81-7304-469-4

Published by
Ajay Kumar Jain *for*
Manohar Publishers & Distributors
4753/23 Ansari Road, Daryaganj
New Delhi 110 002

Printed at
Replika Press Pvt. Ltd.

To my students
Whose thoughtful curiosity about the Hindi language
was the real inspiration behind this book

अपने विद्यार्थियों के लिये
जिनकी हिन्दी भाषा के प्रति विचारशील जिज्ञासा ही
इस कृति की प्रेरणा थी

Contents

Preface

This volume is designed to be a comprehensive textbook for Intermediate level Hindi. The idea is to organize a proper course essentially for language teaching but one that is not devoid of meaningful and cultural contexts. Learning of language structures is not complete at the end of the first year course as many might presume, even though the basics of the grammar are introduced at that stage.

A proper Intermediate level course needs to identify and teach the subtler aspects of phrasal and sentential constructions as well as what is usually pushed aside as 'usage' and not provided for systematically. However, this can be done most effectively in terms of a wide variety of language materials which span the range from the task-oriented practical colloquial at the one end to the literary at the other. This volume attempts to accomplish this to a large extent. Even the literary part has to provide for exposure to the different genres such as short stories, plays, poetry, expository prose, etc., of appropriate complexity. This volume has incorporated this kind of literary variety. In addition, it has also provided for such practical things as letter writing, descriptive prose and dialogues incorporating natural conversational strategies, as well as audio visual materials in the form of movie sequences of some intrinsic cultural and linguistic interest.

The scheme of presentation in this book is to give a background introduction to each lesson followed by the lesson itself, and then the glossary, and thereafter the grammar and exercises relevant to that lesson. Most of the post-elementary grammar and usage of Hindi is sought to be covered through this strategy. Page numbers are provided in the list of contents for the grammar and usage points discussed; page numbers are not given separately for the exercises, which as a rule relevantly follow the grammar and usage discussions.

I would like to take this opportunity to express my sense of appreciation to the Department of South Asian Studies, University of Wisconsin, Madison for facilitating this project in many ways. I have consulted with many colleagues during the preparation of this book. I am thankful to all of them. I would particularly like to acknowledge the benefit of the insightful discussions I have had with my husband Manindra Verma in this regard. I would like to thank my dear student and friend Hiroko Oikawa who undertook the formidable task of preparing the first manuscript in the Devanagari on the Macintosh with all its attendant problems. I am deeply appreciative of her help and assistance. I would be failing in my duty if I did not make a very special mention of a very special contribution made by Mr. K.P. Singh who in the midst of his scholarly responsibilities at the University subsequently volunteered to undertake the reformatting and re-typing of the manuscript to make the final product more consistent and aesthetically pleasing.

SHEELA VERMA

दो सहेलियों की बातचीत

आशा: अन्दर आ जाओ मीना, मैं तुम्हारा ही इंतज़ार कर रही थी। पता नहीं क्यों मुझे लग रहा था कि आज तुम जरूर ही आओगी। क्या हाल है?

मीना: हाल-चाल ठीक ही है। पहले यह बताओ कि सवेरे-सवेरे रसोई में बैठी क्या कर रही हो? इतनी सामग्रियाँ जुटा रखी हैं। कोई पार्टी-वार्टी है क्या? और मैं यूँ ही टपक पड़ी।

आशा: नहीं-नहीं, पार्टी होती तो तुम्हें पता न होता? आज कुछ पकाने की धुन में हूँ। तुम भी हाथ बटा दो तो ये चीज़ें शीघ्र ही तैयार हो जायेंगी। फिर हम इकट्ठे शाम को खा लेंगे।

मीना: यह तो मुझे मालूम है कि खाना पकाने का तुम्हें बहुत शौक है। चलो, तुम्हारे साथ मैं भी खूब पकाने लग जाऊँगी। आज हम क्या-क्या पकायेंगे?

आशा: आज हम मटर पुलाव, आलू दम, और पूड़ियाँ बनायेंगे। देखें ये चीज़ें कैसी बनती हैं?

मीना: मेरे मुँह में तो पानी भर आया। चलो, पकाना जल्दी शुरू करें। पकाते-पकाते देर हो जायेगी। मटर पुलाव से शुरू करो। तुम्हारे पास बासमती चावल हैं न? पुलाव में खुशबू होनी चाहिये।

आशा: कहीं न कहीं तो होंगे ही। हाँ, यह देखो ढूँढ लिये। दो प्याले चावल। इनहें धो डालती हूँ। यह रही पतीली जिसमें चावल बनेंगे।

मीना: आलू दम और पूड़ियाँ तो मैं भी बना लेती हूँ लेकिन मटर पुलाव मैंने कभी नहीं बनाया। इसकी विधि मुझे भी बताती जाओ। हाँ, तुमने कहा कि पतीले में चार आउंस (oz.) मक्खन गर्म करके, 2 बड़ी इलायची, 2 टुकड़े दालचीनी, 5 लौंग, 2 तेजपत्ते और आधा चम्मच जीरा डाल दें। फिर क्या करें?

आशा: अब इसमें एक प्याला मटर मिलाओ और दो-तीन मिनट तक भूनो। इसके बाद धोये हुए चावल और एक चम्मच नमक मिला कर चार-पाँच मिनट भूनो। स्वाद के लिए दो चम्मच चीनी भी मैं डालती हूँ।

मीना: मेरा ख्याल है तुम इसमें उबला हुआ पानी डालती होगी। कितना पानी डालूँ?

आशा: चार प्याला उबला पानी इसमें पड़ेगा। आँच को थोड़ा तेज़ कर दो ताकि चावल उबलने लगें। अब जल्दी से आंच धीमी करके पतीले को ढक्कन से ढक दो।

मीना: कितनी देर में यह पक जायेगा?

आशा: पच्चीस-तीस मिनट में तैयार हो जाना चाहिये। देख लेना कि पानी सूख गया है और चावल पक

गये हैं। मीना सुनो, दूसरे चूल्हे पर तुम आलू दम चढ़ा दो। उसकी सामग्री तो तैयार है। प्रेशर कुकर में पाँच मिनट में तैयार हो जायेगा।

मीना: बस, मैं वही कर रही हूँ। तुम आठ-दस पूड़ियाँ तल लो, फिर हम खाने बैठ जायें। मैं मेज़ लगाती हूँ और खाना परोसती हूँ।

आशा: अरे, मटर पुलाव और आलू दम कमाल के बनाये हैं तुमने। खाना सचमुच अच्छा बनाती हो। तुम्हें तो भई खाना पकाने का खूब शौक है।

मीना: तुम्हारी गर्म-गर्म पूड़ियों के साथ खाने में मज़ा आ गया। देखो, खा-खा कर क्या हाल हो रहा है मेरा। अरे हाँ, क्या बजा है? पांच बज गए। दिन भर बड़ा अच्छा गुज़रा। अब चलना चाहिये, मुझे पुस्तकालय जाना है पढ़ने के लिए।

आशा: अरे, मैंने चाय के लिए पानी चढ़ा दिया है। चाय तो पी लो।

मीना: नहीं, फिर कभी। अच्छा, कल क्लास में मिलूँगी।

Glossary

सहेली F	female friend
पता नहीं क्यों	don't know why
रसोई F	kitchen
सामग्री F	thing

जुटाना Tr	to assemble, to collect
टपक पड़ना Intr	to drop by
पकाना Tr	to cook
धुन F	fad
की धुन में होना Intr	to be in the grip of an ardent desire
हाथ बटाना Tr	to offer a hand
इकट्ठा A	together
शौक M	fondness
मटर M	pea
पुलाव M	a preparation of rice mixed with vegetables or meat
आलू M	potato
दम M	a kind of curry
पूड़ियाँ F	a kind of bread fried in oil or ghee
मुँह में पानी भर आना (idiom)	to feel very tempted, Lit. the mouth to water
बासमती A	a variety of Indian fragrant rice
कहीं न कहीं Adv	some place or other
पतीली F	a cooking brass-kettle
बना-लेना Tr	to be able to cook

विधि F	method
बड़ी इलायची F	large black cardamom
टुकड़ा M	piece
दालचीनी F	cinnamon
लौंग F	clove
तेजपत्ता M	bay-leaf
चम्मच M	spoon
जीरा M	cumin seed
भूनना Tr	to fry, to saute, also to broil, to roast
स्वाद M	taste
उबलना Intr	to boil
आँच F	heat
धीमा A	slow
ढक्कन M	cover, lid
सूखना Intr	to dry, to absorb
चूल्हा M	stove
चढ़ाना Tr	to put it on the stove
तलना Tr	to deep-fry
परोसना Tr	to serve
मेज़ लगाना Tr	to set the table
कमाल M	wonder, miracle
मज़ा M	fun
मज़ा आना Intr	to have fun
गुज़रना Intr	to pass, to spend

Grammar and Exercises

I. Idioms and Expressions

1. टपक पड़ना

   To appear or arrive at some place unceremoniously or unexpectedly. It almost implies being unwelcome. **टपकना** literally means for water or any liquid to fall drop by drop.

2. X की धुन में होना

   To be preoccupied with X; to pursue X single-mindedly.

   वह आजकल घर सजाने की धुन में है।
   He is completely preoccupied with decorating his house.

   वह आजकल गाड़ी की धुन में है।
   He only thinks of a car these days and nothing else.

   धुन literally means melody. **धुन में होना** means to be engrossed in a melody; to be in a certain frame of mind to the exclusion of everything else.

3. हाथ बटाना

   To lend a hand, to share responsibility in a task.

सब की जरूरत में हाथ बटाना चाहिये।
One should lend a hand to help everyone in the hour of need.

4. मुँह में पानी भर आना
For the mouth to water, to feel tempted.

ताज़ी मिठाईयाँ देख कर मेरे मुँह में पानी भर आया।
My mouth watered to see fresh sweets.

5. X का शौक होना
To be fond of, to have a craving for.

उनको खाना पकाने का शौक है।
He is fond of cooking food.

मुझे संगीत का शौक है।
I am fond of music

6. कमाल का
Of great excellence; Lit. कमाल means miracle; कमाल का act as an adjective or adverb.

कमाल का खाना 'an excellent meal'
कमाल का बना है 'is made with excellence'

In this function it takes the postposition का।

आलू दम कमाल के बनाये हैं तुमने।
You have made the potato curry with excellence.

उसने गाने कमाल के गाये।
He sang songs with excellence.

कमाल की साड़ी पहनी है आपने।
You have worn a saree of excellence.

II. The Past Subjunctive

पार्टी <u>होती</u> तो तुम्हें पता न <u>होता</u>?
If there were a party, wouldn't you know about it?

The past subjunctive is used to express the hypothetical past. It can also be called 'unreal past' in the sense that something could have happened but didn't happen.

मैं जाता लेकिन नहीं गया।
I would have gone but I didn't go.

The past subjunctive, like the present subjunctive, is used in conditional constructions which express a hypothetical possibility. The past subjunctive expresses such a possibility in the past which was not realized.

अगर मैं जाता तो अच्छा होता।
If I had gone, it would have been nice.

अगर आप आते तो आप मेरे पिता जी से मिल लेते।
If you had come, then you would have been able to meet my father.

III. Translate the following

1. If there had been a party at my house, I would have called you.

2. If you had fried puris (पूरी), I would have cooked potato curry also.

3. If there hadn't been a class, the students would have gone to the library.

4. If you had mixed peas in the rice, it would have been nice.

5. If the food had cooked, I would have served it.

IV. Some Compound Verbs

धो डालना A compound verb in डालना expresses precipitious action.

उसने कमीज़ फाड़ डाली।
He tore the shirt off.

कुत्ते ने बिल्ली को मार डाला।
The dog killed the cat.

मार डालना is used as a unit to mean 'to kill'.

V. Constructions to Express Presumption

तुम उसमें उबला हुआ पानी डालती होगी।
You put boiled water in it, I presume.

होगा (or its variants होगी, होंगे, होंगी, होऊँगी) is used in place of है or था to express presumption, assumption, suspicion.

वह खूब मिठाई खाता होगा।
He eats a lot of sweets, I presume.

वह सोया होगा।
He is asleep, I presume.

वह आ रहा होगा।
He is coming, I presume.

उसे जाना होगा।
He has to go, I presume.

(a) Notice that होगा occurs with all aspects of the verb and does not express any particular tense.

(b) होगा also occurs with other parts of speech, especially with adjectives, to express presumption. For example:

वह बीमार होगा
He is sick, I presume.

फिल्म जरूर ख़राब होगी।
The film must be bad, I feel certain.

VI. Translate the following into Hindi

1. You are waiting for me, I presume.
2. You collect a lot of cooking ingredients, I presume.
3. Your friend has to make tea, I presume.
4. You have put boiled water in the rice, I presume.
5. She has to turn the heat up, I presume, in order to cook potato curry.
6. She is putting the water on the stove, I presume, to boil it for tea.
7. The girl is pretty, I presume; that is why he wants to marry her.
8. The student must be sick, I presume; that is the reason he didn't come to class.

VII. Verbs of Cooking

1. **डालना** and **पड़ना**

   In the context of cooking, the process of 'adding' is expressed by the verb डालना (transitive) and its intransitive counterpart पड़ना।

   आप इसमें थोड़ा पानी डालिये।
   Put some water in this.

   इसमें थोड़ा पानी पड़ेगा।
   Lit. Some water will be put in it, i.e. It will require some water.

2. **बनाना** is the most versatile verb for cooking something, baking something or preparing items of food in general.

चावल बनाना	'to boil rice'
केक बनाना	'to bake a cake'
आईसक्रीम बनाना	'to make icecream'
खाना बनाना	'to cook a meal'

3. **उबालना** and **पकाना**

   It is to be noted that 'cook' in English has two meanings, the general meaning of 'doing the cooking or preparation of dishes of food items', and the other in the meaning of 'to cook something or make something soft by boiling'. In the first meaning Hindi will generally use बनाना or

पकाना in the second meaning Hindi cannot use पकाना it uses the verb उबालना।

I am cooking apples/potatoes.
मैं सेब/आलू उबाल रही हूँ।
*मैं सेब पका रही हूँ is wrong in this meaning.

पकाना has two basic uses: (1) as a verb for general cooking or preparing a meal, and (2) in the meaning of baking something on open fire, and in general without the use of water. Thus,

आलू उबालना	to boil potatoes
आलू पकाना	to bake potatoes

'to cook apples' can be translated only by using the verb उबालना and never पकाना। Examples of the general cooking usage of the word पकाना are:

आजकल आपके घर में कौन खाना पकाता है?
Who cooks at your house these days?

बड़ी अच्छी खुशबू आ रही है, क्या पक रहा है?
(पकना, intransitive of पकाना)
It is smelling nice, what is cooking?

VIII. Other uses of पकना and पकाना

1. The intransitive पकना is used also in the sense of ripening:

आम पक गया।
The mangoes have ripened.

ये केले नहीं पके हैं।
These bananas haven't ripened yet.

2. पकना is also used in the sense of 'done':

अभी नहीं पका है।
It is not done yet.

3. For an item like रोटी, पकाना is an appropriate verb even if it's not being baked and is made in an iron skillet or in some such thing (e.g. तवा). Other verbs for making unleavened bread is, of course, the versatile cooking verb बनाना and also सेंकना।

अभी मैं दो मिनट में रोटियाँ सेंकती हूँ।
I will have rotis made in just two minutes.

IX. A. Fill in the blanks with appropriate verbs of cooking: choose the right ones from the bottom

मैंने जल्दी से चूल्हे पर पानी -------- ताकि चाय बना कर अपनी सहेली को दे सकूं। जब पानी -------- लगा तब मैंने चाय -------- । चाय में मैंने दूध -------- और चीनी -------- । चाय के साथ मैं उसे कुछ खाने को देना चाहती थी। आँच -------- कर के मैंने आटा (flour) लिया और पूरियाँ -------- कर --------

लीं। आटे में मैंने नमक और घी -------- दिया था इसलिये पूरियाँ नमकीन (salty) -------- गई थीं। चाय के साथ गर्म पूरियों को -------- में मज़ा आ गया।

परोसना, उबलना, डालना, मिलाना, बनाना, तेज़ करना, सानना (to knead), बनना, तलना, चढ़ाना, बेलना (to roll out)

B. Translate into Hindi. Use appropriate verb of cooking from the bottom

1. Please add a little water in the rice.
2. The rice will require a little more water.
3. If I bake a cake for you, it will be nice.
4. Shall I boil potatoes and make curry (दम). Don't bake potatoes for it.
5. The rice will be done in five minutes on low heat.
6. What are you cooking tonight?
7. This fruit will ripen soon.
8. Please make the bread (रोटी) on high heat.
9. Why don't you knead the flour for rotis.

पड़ना, बनाना, पकाना, उबालना, पक जाना, सेंकना, सानना, मिलाना, डालना

X. Write a recipe of your favorite dish.

गणतंत्र दिवस
26 जनवरी, दिल्ली में

रमेश: जौन, नमस्ते।

जौन: नमस्ते रमेश भाई। क्या हाल-चाल है।

रमेश: सब ठीक है। अरे, आप अभी तक तैयार नहीं हैं? चलना है कि नहीं?

जौन: कहाँ? अरे हाँ, मैं तो भूल ही गया था कि आज 26 जनवरी है और हमें उत्सव देखने जाना है। मैं अभी तैयार हो जाता हूँ। इस बीच आप मुझे इसके बारे में बताते जाइये।

रमेश: 26 जनवरी को गणतंत्र दिवस कहते हैं। यह तो भारत का सबसे बड़ा राष्ट्रीय त्यौहार है। इसका संबंध हमारी स्वतंत्रता के इतिहास से है।

जौन: अच्छा वह कैसे?

रमेश: देश के नेता पंडित जवाहरलाल नेहरू जब कांग्रेस के नये-नये सभापति बने थे तब 1929 में 26 जनवरी की ही रात के एक बजे यह घोषणा की थी कि हम आज से स्वतंत्र हैं।

जौन: लेकिन भारत को स्वतंत्रता तो 15 अगस्त 1947 को मिली।

रमेशः हाँ इसीलिये 15 अगस्त को भारत में स्वतंत्रता दिवस कहते हैं। लेकिन भारत का अपना संविधान करीब दो वर्षों के बाद तैयार हुआ।

जौनः अच्छा वह नया संविधान जिसके अनुसार भारत एक गणतंत्र घोषित किया गया?

रमेशः हाँ। फिर जानबूझ कर 26 जनवरी 1950 को ही भारत को एक गणतंत्र बनाया गया।

जौनः अच्छा, मैं समझ गया। वह इसलिए ताकि 1929 में की गई घोषणा के अनुसार 26 जनवरी की शपथ को सही अर्थ दिया जा सके।

रमेशः अच्छा अब हम चलें और ज़रा दिल्ली शहर की तैयारी भी देखें जो कई हफ़्ते पहले से शुरू हो गई है।

जौनः सेना के जवान और सरकारी कर्मचारियों को तो मैंने रात-दिन मेहनत करते देखा है।

रमेशः देश के सभी प्रदेशों की सरकारें भी अपने-अपने प्रदेशों में इस उत्सव के लिये तैयारियाँ करती हैं।

जौनः हम पहले कहाँ चलेंगे?

रमेशः जिस रास्ते से जुलूस जायेगा उसी रास्ते से हम भी चलेंगे।

जौनः भई, जल्दी ही चलें ताकि गणतंत्र दिवस की धूम-धाम देख सकें। एक टैक्सी कर लें?

रमेश: ठीक है। देखिये, अब हम लाल किले के मैदान में आ गये। प्रधानमंत्री राष्ट्रपति का स्वागत कर रहे हैं। राष्ट्रपति को तोपों की सलामी दी जा रही है और राष्ट्रीय झण्डा फहराया जा रहा है।

जौन: बाप रे, जहाँ देखो वहाँ भीड़ ही भीड़ है। यह उत्सव तो बहुत ही सुंदर ढंग से मनाया जा रहा है। अच्छा अब ज़रा हम और जगह भी चलें?

रमेश: हाँ हाँ, क्यों नहीं। लाल किला, जामा मस्जिद, राजघाट, राष्ट्रपति भवन, आदि यहाँ के प्रसिद्ध स्थान हैं जहाँ देखने वालों की भीड़ लगी रहती है।

जौन: लाल किला कैसा किला है?

रमेश: लाल किले को मुगल बादशाह शाहजहां ने बनवाया था। लाल पत्थरों से बने होने के कारण ही इसे लाल किला कहा जाता है।

जौन: अब यहाँ से जामा मस्जिद चलें, क्यों?

रमेश: हाँ हाँ। जामा मस्जिद संसार की सबसे बड़ी मस्जिद है जिसमें एक साथ एक लाख लोग नमाज़ पढ़ सकते हैं। यह भी लाल पत्थरों से बनी है।

जौन: राजघाट तो मुझे पता है कि यमुना नदी के किनारे पर है। वहाँ पर राष्ट्रपिता महात्मा गांधी की समाधि भी बनी है। अब तो काफी देर हो गई। आपके साथ घूमने में मेरा खूब

मन लगा। सारी दिल्ली ही छान मारी, राजघाट कल चलेंगे, क्यों?

रमेश: हाँ, देर तो हो गई है। हमें भी कहीं और जाना है। अच्छा, फिर मिलेंगे।

Glossary

उत्सव M	Celebration
गणतंत्र दिवस M	Republic Day
राष्ट्रीय A	national
स्वतंत्रता F	independence
इतिहास M	history
श्री M	Mr.; an honorific adjective prefixed to male names
सभापति M	President of a meeting or organization, Chairman
घोषणा F	announcement
संविधान M	constitution
जानबूझ कर Adv	on purpose
के अनुसार P	accordingly
शपथ F	oath
सही A	right
अर्थ M	meaning
सेना F	army

जवान M	youth, soldier (like a G.I.)
सरकारी A	governmental
कर्मचारी M	worker, officer
प्रदेश M	region, state, province
जुलूस M	procession
धूम-धाम M	pomp and grandeur, fanfare
मैदान M	field
प्रधानमंत्री M	Prime Minister
राष्ट्रपति M	President
स्वागत M	welcome
तोप F	cannon, artillery
सलामी F	salutation
झण्डा M	flag
बाप रे Intr	a term of exclamation
ढंग M	manner, way of doing things
मनाना Tr	to celebrate
मस्जिद F	mosque
किला M	fort
पत्थर M	stone, rock
लाख M	a hundred thousand, a lakh
राष्ट्रपिता M	Father of the Nation
समाधि F	tomb

छान मारना Tr	to search, sort, sift (by exploring various places or sources)
मन लगना Intr	to enjoy, to be absorbed in, to be at one with

Grammar and Exercises

I. Idioms and Expressions

1. भाई; भई

   The use of these terms in this text is not for 'brother' which is the literal meaning. It is a warm term of address to a gentleman or a woman.

   ऐ भाई, भई; भई is a commonly used variant of भाई।

2.

हाल-चाल	क्या हाल-चाल है आपका?
ठीक-ठीक	सब ठीक-ठाक है।
देख-रेख	उसकी देख-रेख में (supervision) सब काम ठीक रहेगा।
काम-धाम	मुझे बहुत काम-धाम है।

   These are repetitive words which occur in conversation more frequently.

3. अरे! बाप रे (बाप)!

   These are words of exclamation to express surprise or dismay.

4. (i) देर हो रही है आपको चलना है कि नहीं?
It is getting late; do you want to go or not?

(ii) हिन्दुतानी मुर्गा बना है, खाना है कि नहीं?
Indian style chicken is cooking; do you want to eat or not?

कि is normally a sentence connective, but it can also be used in the sense of 'or'.

5. **तो and ही**

तो is an attention drawer. It serves to focus attention on something as opposed to another. It creates a kind of mental contrast.

(i) उत्सव तो बहुत ही सुंदर ढंग से मनाया जा रहा है।
The festival, of course, is being celebrated in a very very nice way.

(ii) मैं तो खाना ही नहीं खाऊँगा।
As for me, I am not going to eat.

(iii) समय तो खत्म ही हो गया।
We need the time. But there isn't any.

6. **इसलिये** for this reason (therefore)
इसीलिये for this very reason (that is why)
इस+ही=इसी, उस+ही=उसी, किस+ही=किसी

(i) आज ठंड बढ़ गई है इसलिये मैंने कोट पहन लिया।

(ii) आज रविवार है इसीलिये बैंक (bank) बंद है।

7. Idiomatic uses of ज़रा

It is a very useful conversational (as also a written) strategy to express 'please' in imperative sentences. Elsewhere and normally it means 'a bit a little'.

(i) ज़रा एक किताब दे दीजिये।
Would you please give me a book?

(ii) ज़रा नमक बढ़ा दीजिये।
Pass me the salt please.

(iii) ज़रा टी०वी० बंद कर दें।
Please turn off the TV.

ज़रा used in the sense of 'a little' is seen in the following:

(i) मुझे ज़रा देर हो गई।
I am delayed a little.

(ii) ज़रा-सा नमक दो।
Give a little salt.

II. Compound Expressions

Compounds made with words belonging to the same semantic group are very common in Hindi. Note that such expressions in English always require a conjunction (or, and).

(i) चार-पाँच लोग आये।
Four or five people came.

(ii) मैंने दस-बारह किताबें ख़रीदीं।
I bought ten or twelve books.

(iii) मैं रात-दिन पढ़ता रहा।
I kept studying day and night.

(iv) मैंने दाल-रोटी खा ली।
I ate chapati and dal.

(v) मैं सुबह-शाम व्यायाम करता हूँ।
I exercise morning and evening.

(vi) मैं हाथ-पैर धोकर खाना खाता हूँ।
I wash my hand and feet and then eat.

III. Repetitive Expressions

Hindi has numerous repetative expressions in which the same word is used twice in a compound form. This can be done in all parts of speech, i.e. numerals, nouns, adjectives, adverbs, verbs, etc.

(i) पढ़-पढ़ कर मैं परेशान हो गया।
I am fed up with studying.

(ii) सब को पांच-पांच रुपये दो।
Give everybody five rupees.

(iii) बड़े-बड़े लोग ऐसा कहते हैं।
Great people say this.

(iv) बैठे-बैठे मैं थक गया।
I got tired sitting.

(v) खा-खा कर परेशान हो गया।
I am fed up with eating.

(vi) सोया-सोया मैं देखता रहा।
I kept watching while sleeping.

Meaning is basically distributive, i.e. distributed or stretched over time or area.

IV. ताकि Construction

In sentences with ताकि, the second clause which begins with ताकि always has the verb in the subjunctive.

A. (i) मैंने टैक्सी की ताकि स्टेशन समय पर पहुँच सकूँ।
I hired a taxi so that I could reach the station on time.

(ii) कोट पहन लो ताकि ठंड न लगे।
Wear a coat so that you are not cold

(iii) पैसे जमा कर लो ताकि समय पर काम आये।
Collect money so that you may use it on time.

B. Join the following pairs of sentences with तांकि and make other required changes. Translate them:

(i) जल्दी सोना चाहिये।
सवेरे उठना है।

(ii) लड़का खाना खा रहा है।
भूखा नहीं रहेगा।

(iii) लोग स्टेडियम (stadium) की ओर जाते हैं।
वे मैच (match) देख सकेंगे।

V. Special Conjunct Verb of Transportation

These verbs mean 'to hire'.

(i) टैक्सी करना
(ii) गाड़ी करना
(iii) रिक्शा करना
(iv) कुली करना

VI. Repetitive words with ही

These expressions mean 'to the exclusion of everything else'.

A. (i) दुकान पर भीड़ ही भीड़ है।
There is a crowd (people) everywhere.

(ii) बगीचे में फूल ही फूल दिखाई देते हैं।
In the garden there are flowers everywhere.

(iii) सब जगह लोग ही लोग भरे हैं।
There are people everywhere.

B. Fill in the blanks

(i) विश्वविद्यालय में -------- दिखाई देते हैं। (students)
(ii) सड़क पर -------- भरी हैं। (shops)
(iii) बरसात में सब जगह -------- है। (water)

VII. Special uses of और

Apart from being used as a conjunction to mean 'and', the word और is also used with numerals and indefinites to mean 'additional' or 'else'.

A. (i) एक और विद्यार्थी पढ़ने आया।
One more student came to study.

(ii) मैंने कमरे में झाँक कर देखा, कोई और था।
I peaked into the room and found there was someone else.

(iii) यहाँ मन नहीं लगता कहीं और चलें।
I don't like it here, let's go somewhere else.

(iv) यह काम मत कीजिये, कुछ और कीजिये।
Don't do this, do something else.

B. Translate into Hindi

(i) One more room is vacant (ख़ाली)
(ii) Let's buy some more books.
(iii) We will find these books somewhere else.

VIII. Make sentences with the following expressions

1. देर हो जाना।
2. मन लगना।
3. छान मारना।
4. स्वागत करना।
5. जान-बूझ कर।

दीवाली और होली

Diwali is a famous and colorful Indian 'festival of lights'. Diwali is the Hindi word for the Sanskrit 'dipawali' which literally means row or rows of lights. It is celebrated in the month 'Kartika' (Hindi Katik) of the Indian lunar calendar which generally falls sometime during the month of October. On this day every house is cleaned thoroughly and decorated with rows of lights making interesting patterns. Tradition has it that it was on this day that Lord Rama returned home to Ayodhya after defeating Ravana in Sri Lanka. His return was greeted with the festival of lights. Merchants celebrate this day as a day for worshipping Lakshmi, 'the goddess of wealth'. It starts a new business year for them.

Holi is another major festival of India. This is a festival of colors. People spray colored water on each other and smear each other's faces with colors.This is supposed to be a festival of fun, frolic, gay abandon and friendship.There are various legends associated with this festival but in all probability it is a harvest festival.

दीवाली और होली

दुनिया के हर देश में कोई न कोई त्यौहार अवश्य मनाया जाता है। लोग त्यौहार के दिनों की प्रतीक्षा करते रहते हैं, और त्यौहार के आने पर उसे उत्साह से मनाते हैं। भारत में भी कई त्यौहार मनाये जाते हैं। इन त्यौहारों में भारतीय जनता के हृदय की सारी खुशी छलक पड़ती है। दीवाली और होली दो ऐसे त्यौहार हैं, जो भारत में बहुत प्रसिद्ध हैं। आज हम इनके बारे में विस्तार से बताएंगे।

दीवाली का अर्थ है, दीयों की कतार। यह त्यौहार भारतीय कैलेण्डर के कार्त्तिक महीने में पड़ता है। दीवाली के कुछ दिन पहले से ही लोग अपने-अपने घरों की सफाई करने लगते हैं। पक्के मकानों पर चूने की सफेदी की जाती है और कच्चे मकानों को पीली मिट्टी से पोत कर सुन्दर बना दिया जाता है। लकड़ी के सामान और खिड़कियों तथा दरवाज़ों पर भी पालिश कर दी जाती है।

दीवाली की रात में घरों के सामने और छतों पर घी या तेल के दीये जलाए जाते हैं। कमरों के सभी कोनों और आँगन में भी दीये रखे जाते हैं। कोशिश यही की जाती है कि घर का कोई भी कोना ऐसा न रह जाए जहाँ अंधेरा हो। सफाई के बाद जब उन पर दीये जलते हैं, तब उनकी शोभा देखते ही बनती है। शहरों में मिट्टी के दीयों के साथ-साथ बिजली के बल्बों से भी रोशनी की जाती है।

दीवाली की पूरी रात अंधेरी होती है। दीयों के प्रकाश से सारा अंधेरा दूर हो जाता है। प्रकाश को भारतीय साहित्य में जीवन देने वाला कहा गया है। इसी दिन भगवान राम लंका के राजा रावण को मार कर अयोध्या लौटे थे। उनके लौटने की खुशी में अयोध्या की जनता ने अपने घरों को दीयों की कतार से सजाया था। लोगों

का कहना है कि तभी से यह त्यौहार हर साल मनाया जाता है। दीवाली के बारे में एक और कथा भी प्रसिद्ध है। बहुत पहले नरक नाम का एक राक्षस था। लोग उसके अत्याचार से बहुत दुःखी थे। भगवान श्री कृष्ण ने दीवाली के एक दिन पहले इस राक्षस को मारा। दूसरे दिन जनता ने दीवाली मना कर अपनी खुशी दिखाई। तभी से हर साल दीवाली मनाई जाने लगी।

दीवाली के दिन हिन्दू लोग लक्ष्मी की पूजा करते हैं। लक्ष्मी को भारतीय लोग धन की देवी कहते हैं। व्यापारी लोग लक्ष्मी की पूजा धूम-धाम से करते हैं। इसी दिन वे लोग व्यापार भी शुरू करते हैं। दीवाली सबके लिए हँसी-खुशी का त्यौहार है। इसे गरीब और अमीर सभी आनन्द से मनाते हैं। बच्चे मिठाईयाँ खाते हैं और पटाख़े छोड़ते हैं। गाँव वाले तो पन्द्रह दिन तक गाँवों में मेला भी लगवाते हैं। दीवाली अंधेरे पर उजाले की जीत का त्यौहार है। घरों की सफाई से मन की सफाई की भी बात जुड़ी हुई है।

होली वसन्त ऋतु में मनाई जाती है। इस समय तक फसलें कट चुकी होती हैं। लोगों के घरों में नई फसल का अनाज आ जाता है। जापान, रूस और कई अन्य देशों में भी नई फसल कटने के बाद त्यौहार मनाए जाते हैं। इस त्यौहार के विषय में भी कई कहानियाँ कही जाती है। कंस ने अपने भांजे श्री कृष्ण को मारने के लिए अपनी दासी पूतना को भेजा था। पूतना श्री कृष्ण को तो नहीं मार पाई, खुद ही मर गई। ब्रज के लोगों ने जिस दिन पूतना को जलाया, वह होली का दिन था। एक दूसरी कथा इस प्रकार है:

हज़ारों वर्ष पहले हिरण्यकश्यप नाम का एक राजा था, जो भगवान को नहीं मानता था। उसका लड़का प्रह्लाद ईश्वर का भक्त था। पिता ने अपने पुत्र की इस आदत से परेशान होकर उसे

मार डालना चाहा। ज़हरीले साँपों के काटने से भी जब प्रह्लाद नहीं मरा, तब राजा ने अपनी बहन होलिका को बुलवाया। वह अपनी गोद में प्रह्लाद को लेकर जलती हुई आग में बैठ गई। किन्तु प्रह्लाद बच गया और होलिका ही जल गई। पुराणों की इन कहानियों से यह पता चलता है कि हमारी बुरी भावनाएँ हमारा ही नुकसान करती हैं। जो लोग सच्चे रास्ते पर चलते हैं उनकी सहायता भगवान हमेशा ही करता है।

होली के एक दिन पहले गाँव के बाहर लकड़ियाँ इकट्ठी की जाती हैं और उनमें आग लगा दी जाती है। दूसरी सुबह लोग जली हुई लकड़ी की राख अपने माथे पर लगाते हैं, और एक दूसरे पर रंग डालते हैं। भारतीय परम्परा में लाल रंग प्रेम का चिन्ह माना जाता है। इसीलिए लोग अधिकतर लाल रंग ही डालते हैं। रंग खेलने के बाद वे नहा धो कर नए कपड़े पहनते हैं और अपने मित्रों तथा रिश्तेदारों से गले मिलते हैं। लोग एक दूसरे के मुँह पर गुलाल भी मलते हैं। कहा जाता है कि लोग होली के दिन अपनी पुरानी दुश्मनी तक भूल जाते हैं। इस तरह होली प्रेम का त्यौहार है जिसे सभी लोग खुशी से मनाते हैं।

Glossary

त्यौहार M	festival
मनाना Tr	to celebrate
X की प्रतीक्षा करना Tr	to wait for X
उत्साह M	enthusiasm
हृदय M	heart
प्रसिद्ध A	famous
छलकना Intr	to spill over, to overflow

विस्तार M	detail, spread
अर्थ M	meaning
दीया M	(earthen) lamp
दीये M	plural of दीया
कतार F	row
कार्त्तिक M	the eighth month of the Indian calendar (roughly corresponds to October)
चूना M	lime
सफेदी F	whiteness, whitewash
पोतना Tr	to smear, to paint
कोना M	corner
आँगन M	courtyard
अंधेरा A & M	dark, darkness
शोभा F	beauty, splendour, grace, elegance
रोशनी F	light
दूर होना Intr	to be removed
प्रकाश M	light
साहित्य M	literature
भगवान M	God
मारना Tr	to kill, to beat
कथा F	story
अत्याचार M	atrocity, excessive behavior
पूजा करना Tr	to worship
देवी F	goddess

धूमधाम M	pomp and grandeur, fanfare
पटाख़ा M	firecracker
छोड़ना Tr	to leave, release, give up
मेला M	a fair, festive crowd, gathering of people
उजाला M	light, dawn (lit. whiteness brightness)
जीत F	victory
जुड़ा होना Intr	to be joined, to be related
वसन्त M	spring (season)
ऋतु F	season
फसल F	crop
भांजा M	nephew (sister's son)
दासी F	female servant (may sometimes imply willing subservience, bond servant)
जलाना Tr	to burn
ईश्वर M	God
भक्त M	devotee
परेशान A	disturbed, worried, bothered
ज़हरीला A	poisonous
सांप M	snake

गोद F	lap
पुराण M	ancient Hindu mythological scriptures eighteen in number
भावना F	emotion, feeling, sentiment
नुकसान M	waste, harm
इकट्ठा करना Tr	to collect
राख F	ash
माथा M	forehead
परम्परा F	tradition
प्रेम M	love
चिन्ह M	sign
रिश्तेदार M	relative
गुलाल M	colored powder used at the time of Holi
मलना Tr	to rub
दुश्मनी F	enmity
पूतना F	a demonic woman who was commissioned by कंस, the king of Mathura to kill Lord Krishna by making him suck at her poisoned breasts

Grammar and Exercises

I. The Passive

1. The passive construction is generally used when it is not necessary or possible to mention the subject. Therfore, the subject is generally left out. The passive form of the verb is obtained in the following way.

   V-tense ending → V -a जा- the same tense ending

   Examples

   देखता → देखा जाता
   देखेगा → देखा जाएगा
   देखा → देखा गया
   देखा है → देखा गया है
   लोग त्यौहार मनाते हैं। → (लोगों द्वारा) त्यौहार मनाया जाता है।
   लोगों ने दीवाली में दीये जलाए → (लोगों द्वारा) दीवाली में दीये जलाए गए।

2. Notice that
   (1) Passive constructions are possible in all tenses.
   (2) The verb agrees (in number and gender) with the new subject (object of the original active sentence).

II. Translate the following passive sentences into English

1. हर देश में कोई न कोई त्यौहार मनाया जाता है।
2. पक्के मकानों में सफेदी की जाती है।
3. दरवाज़ों पर पालिश की जाती है।
4. दीवाली की रात में घरों के सामने और छतों पर घी या तेल के दीये जलाए जाते हैं।
5. प्रकाश को भारतीय साहित्य में जीवन देनेवाला कहा गया है।
6. तभी से दीवाली मनायी जाने लगी।

III. Transform the following into the passive

1. दीवाली के दिन हिन्दू लोग लक्ष्मी की पूजा करते हैं।
2. लक्ष्मी को भारतीय लोग धन की देवी कहते हैं।
3. लोगों ने पूतना को होली के दिन जलाया।
4. दीवाली की रात घरों में लोग दीये जलाएंगे।
5. लोग शायद वसंत ऋतु में होली मनाएं।

IV. The Indefinites

1. The indefinite pronouns and adjectives in Hindi are:

   कोई 'someone' कुछ 'something'
   कभी 'sometime' कहीं 'someplace'

   Examples

   यहाँ कोई है।
   Someone is here.

घर में कुछ है।
There is something in the house.

तुम्हारे पास कुछ नहीं है।
You have nothing.

हम कहीं जायेंगे।
We will go somewhere.

2. The oblique of कोई and कुछ is 'किसी' and 'किन्हीं' in the plural

Example

किसी ने यह बात कही।
Someone said this.

3. Some other indefinite expressions are

किसी तरह	somehow
किसी तरह का	(of) some kind

Examples

किसी तरह मैंने यह काम किया।
Somehow I did this work.

किसी भी तरह की साड़ी मैं पहन लूँगी।
I will wear a saree of any kind.

4. The indefinite pronouns and adjectives can be combined in the following way also.

कोई न कोई	someone or another
कुछ न कुछ	something or other
कभी न कभी	sometime or other
कहीं न कहीं	somewhere or other

Examples

कमरे में कोई न कोई होगा।
दुकान में कुछ न कुछ मैं खरीदूंगी।
कभी न कभी मैं आपसे फिर मिलूंगी।
मैंने इसे कहीं न कहीं देखा है जरूर।

V. Fill in the blanks and translate (रिक्त स्थानों को भरिये और अनुवाद कीजिये) with an appropriate indefinite expression

1. क्लास में -------- विद्यार्थी है?
2. क्लास में -------- विद्यार्थी हैं?
3. बाज़ार में -------- संतरे ख़रीदे।
4. मेरे पास -------- नहीं है।
5. -------- ने शिक्षक को देखा है?
6. -------- लड़के से पूछ कर देखिये।
7. क्या -------- मोची है जो मेरे जूते की मरम्मत करे?
8. वह छात्र -------- फ्रेंच बोल सकता है।
9. हर देश में -------- त्यौहार अवश्य मनाया जाता है।

10. उस शिक्षक ने -------- जरूर ही कहा होगा।
11. -------- आया।
12. लड़के ने -------- चाय पी।

VI. नीचे लिखे प्रश्नों के संक्षिप्त (brief) उत्तर दीजिये

1. दीवाली के दिन किसकी पूजा की जाती है?
2. होली कब मनायी जाती है?
3. होली के बारे में कितनी कहानियाँ मशहूर हैं?

VII. इन शब्दों से वाक्य बनाइये

1. प्रतीक्षा करना
2. रोशनी करना
3. खुशी छलकना
4. परेशान होना
5. नुकसान होना

VIII. The Verb होना

There is a verb होना which means 'to happen' (sometimes, 'to become').This is a main verb and forms various tenses like any other main verb. In the present habitual tense (V -ता है) it expresses the habitual or the usual state of affairs. For example,

घास हरी होती है। Grass is (usually) green.
जून में गर्मी होती है। It is (usually) hot in June.

An English sentence like 'It is hot here' is ambiguous. It might mean, 'It is usually hot here' or 'It is hot here now.' These two meanings will be expressed differently in Hindi.

यहाँ गर्मी होती है। It is hot here (usually)
यहाँ गर्मी है। It is hot here (now)

Notice the difference in the following:

घास हरी होती है। Grass is green (usually).
लेकिन यह घास पीली है। But this grass is yellow.
जून में बहुत गर्मी होती है। In June it is very hot (usually).
लेकिन इस बार गर्मी नहीं है। But this time it is not hot.

Consider the following sentences which occur with होना:

1. दीवाली की पूरी रात अंधेरी होती है।
2. होली के दिन सारा शहर रंगीन होता है।
3. बरसात में घास हरी होती है।
4. हिन्दी क्लास वैन हाईज़ (Van Hise) में होती है।
5. होली मार्च महीने में होती है।

IX. हिन्दी में अनुवाद कीजिये, Translate into Hindi using the verb होना।

1. Lakshmi pooja takes place on the Diwali day.
2. An Indian saree (साड़ी) is eighteen feet (फुट) long.

3. In Madison it snows a lot.
4. There are always a lot of students at this university.
5. On State (स्टेट) Street there is usually a big crowd (भीड़)।

लव-कुश

Lav and Kush were the children of Sita and Rama whose story is the theme of the famous Sanskrit epic *Ramayana* written by Valmiki. Valmiki is popularly considered to be the first poet of ancient India and is called 'aadikavi'. Basically the same story of Rama is the theme of *Ramcharit Manas* written by Tulsidas in Awadhi, a language very closely related to Hindi. Because of this, *Ramcharit Manas* is popularly thought of as being written in Hindi. At any rate, parts of *Ramcharit Manas* are always found in a comprehensive course in Hindi in Indian schools and colleges. *Ramcharit Manas* is also popularly called *Ramayana* and is certainly greatly responsible for establishing Rama as the supermost deity or the incarnation of God in popular Hinduism.

Tulsidas was a saint poet of the seventeenth century. He was a prolific writer and produced more than fifteen books. But his *Ramcharit Manas* is the most famous and is treated as a scripture. Many Hindus read and quote from *Ramcharit Manas* the same way as many Christians would read and quote from the Bible.

Ramcharit Manas consists of seven divisions.

The seventh division is called *Uttara-Kanda*. It is in this division that the story of Lav and Kush appears. Lav and Kush were born in a forest when Sita was exiled by Rama because of a misunderstanding. Their bravery was responsible for bringing Rama and Sita together and removing the misunderstanding. Sita, however, refused to get back to Rama's kingdom.

लव-कुश

लव-कुश जुड़वा भाई थे। उन के पिता का नाम श्री राम, और माता का नाम सीता था।

लव-कुश का जन्म वाल्मीकि मुनि के आश्रम में हुआ था। यह वही वाल्मीकि मुनि थे, जिन्होंने पहले-पहल कविता लिखी थी। इसीलिए लोग उन्हें 'आदिकवि' भी कहते हैं।

लव-कुश के जन्म की कहानी बड़ी अनोखी है।

शायद आपने श्री रामचन्द्र की कहानी पढ़ी हो। आपको शायद यह बात भी मालूम हो कि श्री रामचन्द्र जी जब वनवास से लौट कर आए और राजसिंहासन पर बैठे, तब उन्होंने एक धोबी के दोष लगाने पर सीता जी को घर से निकाल दिया था।

सीता जी उस समय गर्भवती थीं।

सीता जी वन में घूमती-फिरती, वाल्मीकि मुनि के आश्रम में पहुँचीं। वाल्मीकि मुनि ने बड़े स्नेह से उन्हें अपने आश्रम में स्थान दिया। कुछ समय के बाद सीता जी को दो जुड़वाँ बच्चे पैदा हुए। वे ही दोनों बच्चे 'लव-कुश' के नाम से प्रसिद्ध हैं।

वाल्मीकि मुनि ने ही लव-कुश का पालन-पोषण भी किया। जब लव-कुश कुछ बड़े हुए, तो वाल्मीकि मुनि उन्हें पढ़ाने-लिखाने लगे। पढ़ाने-लिखाने के साथ ही साथ वे उन्हें अस्त्र-शस्त्र चलाने की शिक्षा भी देने लगे।

लव-कुश बड़े बुद्धिमान थे। उन्होंने थोड़े ही दिनों में पूरी *रामायण* याद कर ली। *रामायण* एक पुस्तक का नाम है जिसकी रचना संस्कृत में वाल्मीकि जी ने ही की है।

रामायण पढ़ने के साथ ही साथ लव-कुश तरह-तरह के अस्त्र-शस्त्र भी चलाने लगे। ज्यों-ज्यों दिन बीतने लगे, वे निपुण होने लगे। बारह-तेरह वर्ष की अवस्था में ही उन्होंने इतना सीख लिया कि स्वयं मुनि को भी आश्चर्य होने लगा।

उधर श्री रामचन्द्र जी ने अयोध्या में अश्वमेध यज्ञ का विचार किया। प्राचीन काल में जिस राजा को विश्व-विजयी बनना होता था, वह अश्वमेध यज्ञ करता था। राजा एक घोड़ा छोड़ता था। घोड़े के साथ ही साथ उस की सेना भी होती थी। घोड़ा जिस राज्य से बेखटके निकल जाता था, वह राज्य हारा हुआ समझा जाता था। पर जिस राज्य में घोड़ा पकड़ लिया जाता था, सेना उस के राजा से युद्ध करती थी, और युद्ध में उसे परास्त करके अपने अधीन बनाती थी।

श्री रामचन्द्र जी ने भी विश्व-विजय के लिए अपना घोड़ा छोड़ दिया। घोड़े की रक्षा के लिए उस के साथ शत्रुघ्न, हनुमान, सुग्रीव और कालजित् आदि बड़े-बड़े वीर भी थे।

घोड़ा देश-देशों में होता हुआ उस वन में पहुँचा, जहाँ वाल्मीकि मुनि का आश्रम था।

दोपहर का समय था। वीर बालक लव-कुश मुनि-बालकों के साथ वन में खेल रहे थे। अचानक उन्होंने उस घोड़े को देखा, जो तरह-तरह के वस्त्रों और गहनों से सजा था, तथा जिस के मस्तक पर एक पट्टी-सी बंधी थी।

घोड़े को देख कर लव को बड़ा आश्चर्य हुआ। वह कुछ देर तक घोड़े को देखता रहा; फिर उसे पकड़ कर उस के मस्तक पर बंधी हुई पट्टी के वाक्यों को पढ़ने लगा—

"यह घोड़ा अयोध्या के राजा रामचन्द्र जी का है। यह घोड़ा जिस राज्य से होता हुआ आगे बढ़ेगा, वह राज्य हारा हुआ समझा जाएगा। जो इस घोड़े को पकड़ने का साहस करेगा, उसे बड़े-बड़े वीरों से टक्कर लेनी पड़ेगी।"

लव की रगों में बिजली दौड़ गई। उस ने पट्टी पर लिखे हुए वाक्यों को एक ललकार समझा। साथ के लड़के लव को रोकते ही रह गए, पर लव ने घोड़े को पकड़ कर एक पेड़ से बाँध दिया।

कुछ देर के बाद घोड़े को ढूँढते हुए घोड़े के रक्षक भी आ पहुँचे, और घोड़े को छुड़ाने के लिए आगे बढ़े।

लव गरज उठा—"खबरदार! घोड़े को छुड़ाने के लिए जो भी आगे बढ़ेगा, उसे मौत के मुँह में ही जाना पड़ेगा।"

रक्षकों ने देखा, धनुष-बाण हाथ में लिए हुए एक छोटा-सा बालक। उन्होंने लव की बात एक हंसी ही समझी—भला यह छोटा-सा बालक किसी को क्या मृत्यु के मुख में पहुँचाएगा?

रक्षक हंस पड़े, और घोड़े को छुड़ाने के लिए आगे बढ़े। पर यह क्या? यह तो लव ने बाण चलाने आरम्भ कर दिए। जब तक रक्षक संभलें, लव ने कइयों को धरती सुँघा दी। जो दो-एक बचे, वे भाग कर शत्रुघ्न के पास पहुँचे।

शत्रुघ्न ने पूरा हाल सुन कर समझ लिया कि घोड़े को बाँधने वाला कोई साधारण बालक नहीं, वह अवश्य कोई वीर है—बहुत बड़ा वीर है।

शत्रुघ्न ने सेनापति कालजित् को आज्ञा दी कि वह सेना-सहित जायें, और घोड़े को छीन ले आयें।

कालजित् ने एक ढंग से चारों ओर सेना खड़ी कर दी। फिर लव के पास आ कर कहा कि "वह घोड़े को छोड़ दे, क्योंकि वह अभी बालक है, और बालक को बड़े लोगों के मुँह नहीं लगना चाहिए।"

पर लव ने कालजित् की बात का उत्तर यों दिया—"यदि वह युद्ध करने से डरता है, तो लव उसके घोड़े को अवश्य छोड़ देगा।"

पर कालजित् किसी से डरने वाला कहाँ, वह तो घोड़े को छीन कर ले जाएगा। वह आगे बढ़ा। लव ने फिर बाण चलाने आरम्भ कर दिए। कालजित् और उस की सेना के भी वार शुरू हो गए। बस, फिर क्या? घमासान लड़ाई शुरू हो गई। एक ओर अकेला लव था, और दूसरी ओर महाबली कालजित् तथा उसके हजारों सैनिक।

पर वाह रे वीर लव! उस ने देखते ही देखते सब के छक्के छुड़ा दिए। कालजित् और उसके कितने ही सैनिक धरती पर लोट गए। जो बचे, वे भाग कर शत्रुघ्न के पास, जहाँ पड़ाव था, पहुँचे।

शत्रुघ्न ने जब सारा हाल सुना, तो उन के भी छक्के छूट गए। पर घोड़े को छुड़ाना तो था ही! वे स्वयं सेना ले कर मैदान में जा

पहुँचे। उधर लव धनुष पर बाण चढ़ाए तैयार ही था। फिर लड़ाई शुरू हो गई। लव ने एक बार फिर अपने बाणों से सब को मूर्च्छित कर दिया। स्वयं शत्रुघ्न भी मूर्च्छित हो गए।

लेकिन कुछ देर बाद जब शत्रुघ्न की मूर्च्छा भंग हुई, तो उन्होंने लव पर एक ऐसा बाण चलाया कि वह मूर्च्छित हो कर गिर पड़ा।

मुनियों के बालक, जो दूर खड़े हो कर लड़ाई देख रहे थे, दौड़ कर सीता जी के पास पहुँचे, और उन्होंने सारी कहानी सीता जी को सुनाते हुए कहा कि लव लड़ाई में मूर्च्छित हो कर गिर पड़ा है।

सीता जी के साथ ही साथ कुश ने भी लव के मूर्च्छित होने की बात सुनी। कुश की रगों में बिजली दौड़ पड़ी। वह सीता जी को प्रणाम कर के, धनुष बाण ले कर उस जगह जा पहुँचा, जहाँ घोड़ा बंधा था, और लव मूर्च्छित हो कर पड़ा था।

कुश ने पहुँचते ही शत्रुघ्न और उन की सेना पर बाण चलाने आरम्भ कर दिए। कुछ देर बाद लव की मूर्च्छा भंग हो गई और वह भी उठ कर फिर युद्ध करने लगा। लव-कुश ने युद्ध में ऐसी वीरता दिखाई कि शत्रुघ्न और उन की सेना के पांव भी उखड़ गए। कितने ही लोग मारे गए और कितने ही भाग कर अयोध्या गए, और उन्होंने श्री रामचन्द्र जी को इस की सूचना दी।

कहा जाता है कि श्री रामचन्द्र जी स्वयं इस युद्ध में आए थे। पर लव-कुश ने उन के बड़े-बड़े सैनिकों को भी युद्ध में मूर्च्छित कर दिया था।

युद्ध में विजय प्राप्त कर के लव-कुश हनुमान जी को बाँध कर सीता जी के पास ले गए। सीता जी हनुमान जी को देखते ही पहचान गईं, और फिर यह सारा भेद खुल गया कि लव-कुश ने जिन के घोड़े को बाँध कर उन के साथ युद्ध किया है, वह श्री रामचन्द्र जी हैं, जो उनके पिता हैं।

वाल्मीकि ने श्री राम और लव-कुश का एक-दूसरे से परिचय कराया। श्री रामचन्द्र जी अपने पुत्रों की बहादुरी पर हर्ष से फूले न समाए। उन्होंने उन्हें प्रेम से गले लगाया, और आशीर्वाद दिया।

पर सीता जी फिर लौट कर अयोध्या न गईं। कहा जाता है कि वे धरती में समा गईं। पर श्री राम और लव-कुश के साथ ही साथ आज तक उन का नाम धरती पर चल रहा है, और इसी प्रकार युगों-युगों तक चलता रहेगा। क्यों न हो? वह वीर पुत्रों की माँ थीं न!

Glossary

वीर A	strong, brave
गड़ना Tr	to create, to build
कहानी F	story
झिझकना Intr	to hesitate
बलवान A	strong
रिपु M	enemy
बढ़ना Intr	to exceed
मोर्चा M	battlefront
जुड़वाँ A	twin
आश्रम M	abode of a holyman

मुनि M	hermit, sage
पहले-पहल Adv.	first of all, the very first time
कविता F	poetry
आदिकवि M	first poet
अनोखी A	unique, strange
गर्भवती A	pregnant
वन M	forest
घूमना-फिरना Intr	to wander around
स्नेह M	love, affection
स्थान M	place
पैदा होना Intr	to be born
प्रसिद्ध A	famous
पालन-पोषण M	raising
पालन-पोषण करना Tr	to raise
अस्त्र-शस्त्र M	weapons of various kinds
चलाना Tr	to use
शिक्षा F	skill, education
बुद्धिमान A	intelligent
पूरी A	entire, whole
याद करना Tr	to memorize, to remember
पुस्तक F	book
रचना F	composition, writing
तरह-तरह A	different kinds
निपुण A	skilled
वर्ष M	year

अवस्था F	age
स्वयं Adv	himself
आश्चर्य M	surprise
अश्वमेध युद्ध M	horse sacrifice, a celebrated ceremony back in the Vedic period, performed by a monarch desirous of becoming चक्रवर्त्ती (supreme ruler of wide region)
विचार करना Tr	to think, to deliberate
विश्व-विजयी M	one who conqueres the world
छोड़ना Tr	to let loose, to leave
सेना F	army
राज्य M	kingdom, empire
बेखटके A	without apprehension
हारना Intr	to lose
पकड़ना Tr	to catch
राजा M	king
युद्ध करना Tr	to fight
युद्ध M	war, battle
परास्त करना Tr	to defeat
अधीन A	dependent, subordinate
रक्षा F	protection
देश M	country

बालक M	boy
मुनि M	hermit, saint
अचानक Adv	suddenly
वस्त्र M	clothes
गहना M	ornament
सजना Intr	decorated
मस्तक M	head, forehead
पट्टी F	bandage, belt
बाँधना Intr	to tie
वाक्य M	sentence
साहस M	courage
वीर M	brave man
टक्कर लेना Tr	to set one's face against
टक्कर F	collision
रंग F	vein
बिजली F	electricity
दौड़ना Intr	to run
ललकार M	challenge
रोकना Tr	to stop
ढूँढना Tr	to look for
रक्षक M	protector
गरजना Intr	to roar
ख़बरदार A	cautious, be aware
मौत F	death
मुँह M	mouth
धनुष-बाण M	bow and arrow
हँसी F	joke

मृत्यु F	death
पहुँचाना Tr	to reach
बाण चलाना Tr	to hit with an arrow
आरम्भ करना Tr	to begin
सम्भलना Intr	to be careful
कई A	many
धरती F	earth
सुँघाना Tr	to make someone sniff something
धरती सुँघाना Tr	to kill, to defeat
बचना Intr	to save
भागना Intr	to flee
साधारण A	ordinary
अवश्य Adv	certainly, for sure
सेनापति M	army-general
आज्ञा देना Intr	to order
सेना F	army
सहित PP	along with
छीनना Tr	to take away, to snatch
ढंग से Adv	well, in a proper manner
चारों ओर Adv	all over
मुँह लगना Intr	to argue
डरना Intr	to be scared
वार M	attack
घमासान A	terrible
अकेला A	alone

महाबली A	very strong
तथा Conj	and
हज़ार A	thousand
सैनिक M	soldier
वाह रे Intr	(an exclamation) excellent!, wow!
छक्के छुड़ाना Tr	to defeat badly, to outwit
धरती पर लोट जाना Intr	to be flattened (on the ground); to be wounded, to be killed
पड़ाव M	halting place, army camp
मैदान M	field, battlefield
बाण चढ़ाना Tr	to load an arrow
मूर्च्छित करना Tr	to cause someone to faint
मूर्च्छा F	fainting
भंग होना Intr	to break
गिरना Intr	to fall
प्रणाम करना Tr	to salute
पाँव उखड़ना Intr	to be destabilized, to be defeated
सूचना F	information
पहचानना Intr	to recognize
भेद M	secret
खुलना Intr	to open

पिता M	father
परिचय M	introduction
पुत्र M	son
बहादुरी F	bravery
हर्ष M	happiness
प्रेम M	love
गले लगाना Tr	to embrace
आशीर्वाद M	blessing
समाना Intr	to enter, to pervade
प्रकार M	way
युग M	age, era, epoch
माँ F	mother

Grammar and Exercises

I. हिन्दी में अनुवाद कीजिये

1. Lav-Kush were twin brothers.
2. The washerman blamed Sita; therefore Rama turned her out of the house.
3. Sita was pregnant at that time.
4. Valmiki raised Lav-Kush with great affection.
5. The two boys memorized *Ramayana*, a book which was composed in Sanskrit by Valmiki.
6. As days began to pass the boys became experts.
7. One can come to Madison from New York by plane only via Chicago.
8. Valmiki embraced Lav and Kush.

II. V -ने लगना

(i) लगना is used as a modal verb to express the modality 'to begin to do something'. For this meaning the verb with which it occurs and follows must appear in the oblique infinitival form. For example,

खाने लगना 'to begin to eat', 'to start eating'

भूख के मारे वह जल्दी-जल्दी खाने लगा।
Because of hunger, he began eating hurriedly.

हिन्दुस्तान जाकर मैं अच्छी हिन्दी बोलने लगूँगा।
After going to India I will begin to speak good Hindi.

(ii) Since लगना itself expresses a modality (of beginning to do something), it will not usually occur with compound verbs expressing another, inconsistent, modality, such as 'completion of action', etc.

Notice the following:

1. वाल्मीकि मुनि लव-कुश को पढ़ाने-लिखाने लगे।
2. वे उन्हें अस्त्र-शस्त्र चलाने की शिक्षा भी देने लगे।
3. मुनि को लव-कुश की योग्यता देखकर आश्चर्य होने लगा।

III. Transform the following sentences into V-ने लगना construction

Example

पिता ने अपने पुत्र को सिखाया।
पिता अपने पुत्र को सिखाने लगा।

1. वाल्मीकि ने लव-कुश को पढ़ाया।
2. सुबह होते ही विद्यार्थी रोज़ व्यायाम (exercise) करता है।
3. शाम को क्लास से वापस आकर वह खाना बनायेगा।
4. लव घोड़े को पकड़ने का साहस करता था।

IV. V -ता रहना

This verb construction with the modal रहना expresses the modality of continuation of action. The verb preceding it will occur in -ता (-ते, -ती to agree with gender and number).

वह खाता रहा।
He continued/kept/went on eating.

वह रात-दिन पढ़ता रहता है।
He keeps studying all the time.

Notice the following:

1. लव कुछ देर तक घोड़े को देखता रहा।
2. साथ के लड़के लव को रोकते रह गये।
3. विद्यार्थी पुस्तकालय में देर तक पढ़ते रहते हैं।

V. Translate the following sentences, use V -ता construction

1. Lav kept fighting.
2. Great kings kept on performing अश्वमेध यज्ञ all the time.
3. The student will keep on making mistakes.

VI. Correlatives

(i) Hindi has a set of correlatives similar to the English ones, e.g. such....as, as....as, etc.

जितना .... उतना
जैसा .... वैसा
जब .... तब
जहाँ .... वहाँ
जिधर .... उधर
जैसे .... वैसे ..... etc.

(ii) These correlatives can also occur in their reduplicated forms (like many other elements in Hindi to express a distributive meaning, e.g. बड़े-बड़े लोग, रात-रात भर, etc).

ज्यों-ज्यों .... त्यों-त्यों
जैसे-जैसे .... वैसे-वैसे
जब-जब .... तब-तब

Look at the following examples:

1. ज्यों-ज्यों धूप होने लगी त्यों-त्यों गर्मी बढ़ने लगी।
   As it started becoming sunny it started getting hot.

2. जब-जब India Association फिल्म दिखाती तब-तब उसे देखने मैं कैम्पस (campus) जाती।
   Whenever India Association shows film I will go to the campus to watch it.

3. जैसे-जैसे लव-कुश बड़े होने लगे, वैसे-वैसे उनकी ख्याति (fame) फैलने लगी।
   As Lav-Kush started becoming older their fame began to spread.

VII. रिक्त स्थानों को भरिये, Choose appropriate expressions from those listed below

1. मैंने उन्हें ------------------- (remembered).
2. राम ने सीता पर ------------------- (blamed).
3. उन्होंने अश्वमेध युद्ध करने का ------------- (thought of).
4. ------------------- के बाद लव ने दुश्मनों को बाँध दिया। (after defeating).
5. लव-कुश ---------------- के लिए तैयार हो गये। (to fight).
6. वाल्मीकि ने राम का लव-कुश से ------------------- (introduced).
7. श्री राम ने अपने पुत्रों को ------------------- (blessed).

(आशीर्वाद देना, परिचय करना, विचार करना, हराना, दोष लगाना, लड़ना, याद करना)

VIII. V -ना पड़ना

In this construction पड़ना is used to express the modality of 'external compulsion'. The verb before it always occurs in –ना (–ने, –नी to agree for number and gender).

मुझे एक आम खाना पड़ा।
I was forced to eat a mango.

मुझे रोज़ दो संतरे खाने पड़ते हैं।
I am forced to eat two oranges everyday.

मुझे रोज़ दवाईयाँ खानी पड़ रही हैं।
I am being forced to take a lot of medication these days.

This construction in Hindi always implies a situation which is not of one's own choosing or planning.

मुझे अस्पताल जाना था।
I had to go to the hospital (as it was planned).

मुझे अस्पताल जाना पड़ा।
I had to go to the hospital (but it was not so planned).

The second sentence will have to be used, for example, when somebody was taken ill and it became necessary to go to the hospital. Thus this construction always implies something like 'it became necessary' '. . . was put in a situation whereby . . .', '. . . was forced to because of the circumstances', etc.

This पड़ना construction can occur in any tense, for example:

जाना पड़ता है।
जाना पड़ा।
जाना पड़ेगा।

While it can invariably take other modals (e.g. जाना पड़ गया, जाना पड़ता रहता है, etc.), it generally occurs with सकना only in the present habitual. There the meaning is 'it might become necessary'. For example,

अगले साल मुझे हिन्दुस्तान जाना पड़ सकता है।
It might become necessary to go to India next year.

IX. Answer each question in the affirmative using the पड़ना construction to express compulsion

Example

आप भारतीय फ़िल्म देखेंगे?
जी हाँ, मुझे भारतीय फ़िल्म देखनी पड़ेगी।

1. क्या आपने श्रीमती जी को बाज़ार में पहुँचाया?
2. आप विश्वविद्यालय में संस्कृत पढ़ेंगे?
3. आजकल परीक्षा के कारण विद्यार्थी पुस्तकालय में पढ़ाई कर रहे हैं?
4. वह छात्र हिन्दी पढ़ने हिन्दुस्तान जा सकता है?
5. यह छात्रा रोज़ खाना अपने आप पकाती है?

X. Provide synonyms

1. स्वयं
2. युद्ध करना
3. ओर
4. आरम्भ करना
5. तथा
6. हारना

XI. वाक्य बनाइये

1. मूर्च्छा (N)
2. मूर्च्छित (Adj)
3. गुस्सा (NM)
4. गुस्सा (Adj)
5. युद्ध करना (V tr.)
6. युद्ध होना (V intr.)

XII. Idioms to Remember

देखते-देखते, मोह लगना, बिजली दौड़ना, साथ ही साथ, छक्के छुड़ाना, पाँव उखड़ना, धरती सुँघाना, रगों में बिजली दौड़ना

हार की जीत

'हार की जीत' is one of the well-known early short stories of Hindi. It is written by Sudarshan who very much belonged to the tradition of realism in short stories which found its zenith in the works of Premchand. The great appeal of this story lies in a very touching portrayal of change of heart that takes place when there is a close juxtaposition of two strong characters seemingly very different from each other. That is when defeat turns into victory. The story is a masterpiece of brevity and simplicity of sentence structure designed to create just the desired effect.

हार की जीत

माँ को अपने बेटे, साहूकार को अपने देनदार, और किसान को अपने लहलहाते खेत देखकर जो आनन्द प्राप्त होता है, वही आनन्द बाबा भारती को अपना घोड़ा देख कर होता था। भगवान के भजन से जो समय बचता, वह घोड़े के अर्पण हो जाता। यह घोड़ा बड़ा सुन्दर था और बड़ा बलवान। इसके जोड़ का घोड़ा सारे इलाके में न था। बाबा भारती उसे सुलतान कह कर पुकारते, अपने हाथ से खरहरा करते, खुद दाना खिलाते और देख-देख कर प्रसन्न होते थे। ऐसी लगन, ऐसे आदर, ऐसे स्नेह से कोई व्यक्ति अपने सच्चे प्रेमी को भी न चाहता होगा। उन्होंने अपना सब कुछ छोड़ दिया था—माल, असबाब, ज़मीन यहाँ तक कि उन्हें नागरिक जीवन से भी घृणा थी। अब एक गाँव से बाहर छोटे से मंदिर में रहते और भगवान का भजन करते थे, परन्तु सुलतान से बिछुड़ने की वेदना उनके लिए असह्य थी। मैं इसके बिना न रह सकूँगा, उन्हें ऐसी भ्रान्ति-सी हो गई थी। गाँवों के लोग इस मोहमाया को देखकर चकित थे। जब तक बाबा भारती संध्या समय सुलतान पर चढ़कर आठ-दस मील का चक्कर न लगा लेते तब तक उन्हें चैन न आता।

खड्गसिंह इस इलाके का प्रसिद्ध डाकू था। लोग उसका नाम सुन कर काँपते थे। सुलतान की कीर्ति उसके कानों तक भी पहुँची। उसका हृदय उसे देखने के लिए अधीर हो उठा। वह एक दिन दोपहर के समय बाबा भारती के पास पहुँचा और नमस्कार कर के बैठ गया।

बाबा भारती ने पूछा, "खड्गसिंह, क्या हाल है?"

खड्ग सिंह ने सिर झुकाकर उत्तर दिया, ''आपकी दया है।''

''कहो, इधर कैसे आ गए?''

''सुलतान की चाह खींच लाई।''

''विचित्र जानवर है। देखोगे, तो प्रसन्न हो जाओगे।''

''मैंने भी बड़ी प्रशंसा सुनी है।''

''उसकी चाल तुम्हारा मन मोह लेगी।''

''कहते हैं, देखने में भी बड़ा सुन्दर है।''

''क्या कहना। जो उसे एक बार देख लेता है, उसके हृदय पर उसकी छवि अंकित हो जाती है। बहुत दिनों से अभिलाषा थी, आज उपस्थित हो गया हूँ।''

बाबा और खड्गसिंह दोनों अस्तबल में पहुँचे। बाबा ने घोड़ा दिखाया घमण्ड से, खड्गसिंह ने घोड़ा देखा आश्चर्य से। उसने सहस्त्रों घोड़े देखे थे। परन्तु ऐसा बाँका घोड़ा उसकी आँखों से कभी गुज़रा न था। सोचने लगा, भाग्य की बात है। ऐसा घोड़ा खड्गसिंह के पास होना चाहिए था। इस साधू को ऐसी चीज़ों से क्या मतलब? कुछ देर तक आश्चर्य से चुपचाप खड़ा रहा। इसके पश्चात हृदय में हलचल होने लगी, बालकों की सी अधीरता से बोला, ''परन्तु बाबाजी, इसकी चाल न देखी तो क्या देखा?''

बाबा जी मनुष्य ही थे। अपनी वस्तु की प्रशंसा दूसरे के मुख

से सुनने के लिए उनका हृदय भी अधीर हो गया। घोड़े को खोल कर बाहर लाए और उसकी पीठ पर हाथ फेरने लगे। एकाएक उचक कर सवार हो गए। घोड़ा वायु-वेग से उड़ने लगा। उसकी चाल देखकर, उसकी गति देखकर, खड्गसिंह के हृदय पर साँप लोट गया। वह डाकू था और जो वस्तु उसे पसंद आ जाए, उस पर वह अपना अधिकार समझता था। उसके पास बाहुबल था, रुपया था और आदमी भी थे। जाते-जाते बोला, "बाबाजी, मैं यह घोड़ा आपके पास न रहने दूँगा।"

बाबा भारती डर गए। अब उन्हें रात को नींद न आती थी। सारी रात अस्तबल की रखवाली में कटने लगी। प्रतिक्षण खड्ग-सिंह का भय लगा रहता। परन्तु कई मास बीत गए और वह न आया। यहाँ तक कि बाबा भारती कुछ लापरवाह हो गए।

सन्ध्या का समय था। बाबा भारती सुलतान की पीठ पर सवार होकर घूमने जा रहे थे। इस समय उनकी आँखों में चमक थी, मुख पर प्रसन्नता थी। कभी घोड़े के शरीर को देखते, कभी रंग को, और फूले न समाते थे।

सहसा एक ओर से आवाज़ आयी, "ओ बाबा। इस ग़रीब की बात भी सुनते जाना।" आवाज़ में करुणा थी। बाबा ने घोड़े को थाम लिया।

देखा, एक अपाहिज वृक्ष की छाया में पड़ा कराह रहा है। बोले, "क्यों, तुम्हें क्या कष्ट है?" अपाहिज ने हाथ जोड़ कर कहा, "बाबा, मैं दुखिया हूँ, मुझ पर दया करो। रामांवाला यहाँ से तीन मील है, मुझे वहाँ जाना है। घोड़े पर चढ़ा लो, परमात्मा तुम्हारा भला करेगा।"

''वहाँ तुम्हारा कौन है?''

''दुर्गादत्त वैद्य का नाम आपने सुना होगा। मैं उनका सौतेला भाई हूँ।

बाबा भारती ने घोड़े से उतरकर अपाहिज को घोड़े पर सवार किया, और स्वयं उसकी लगाम पकड़ कर धीरे-धीरे चलने लगे।

सहसा उन्हें एक झटका-सा लगा और लगाम हाथ से छूट गई। उनके आश्चर्य का ठिकाना न रहा, जब उन्होंने देखा कि अपाहिज घोड़े की पीठ पर तनकर बैठा है और घोड़े को दौड़ाए लिए जा रहा है, तो उनके मुख से भय विस्मय और निराशा से मिली हुई एक चीख़ निकल गई। यह अपाहिज खड्गसिंह डाकू था।

बाबा भारती कुछ देर तक चुप रहे और इसके पश्चात् कुछ निश्चय करके पूरे बल से चिल्लाकर बोले, ''ज़रा ठहर जाओ।''

यह आवाज़ सुनकर खड्गसिंह ने घोड़ा रोक लिया, और उसकी गर्दन पर हाथ फेरते हुए कहा, ''बाबा जी, यह घोड़ा अब न दूँगा।''

''परन्तु एक बात सुनते जाओ।''

खड्गसिंह ठहर गया। बाबा भारती ने निकट जाकर उसकी ओर ऐसी आँखों से देखा, जैसे बकरा कसाई की ओर देखता है और कहा, ''यह घोड़ा तुम्हारा हो चुका। मैं तुमसे इसे वापस करने के लिए न कहूँगा। परन्तु खड्गसिंह एक प्रार्थना करता हूँ, उसे अस्वीकार न करना, नहीं तो मेरा दिल टूट जाएगा।''

''बाबाजी, आज्ञा दीजिए। मैं आपका दास हूँ, केवल यह घोड़ा न दूँगा।''

अब घोड़े का नाम न लो। मैं तुमको इसके विषय में कुछ न कहूँगा। मेरी प्रार्थना यह है कि इस घटना को किसी के सामने प्रकट न करना।''

खड्गसिंह का मुँह आश्चर्य से खुला रह गया। उसका विचार था कि उसे इस घोड़े को लेकर यहाँ से भागना पड़ेगा, परन्तु बाबा भारती ने स्वयं उससे कहा कि इस घटना को किसी के सामने प्रकट न करना। खड्गसिंह ने बहुत सोचा, परन्तु कुछ समझ न सका। हारकर उसने अपनी आँखें बाबा भारती के मुख पर गड़ा दीं और पूछा, ''बाबा जी, इसमें आपको क्या डर है?''

बाबा भारती ने उत्तर दिया, ''लोगों को यदि इस घटना का पता लग गया, तो वे किसी ग़रीब पर विश्वास न करेंगे।''

यह कहते-कहते उन्होंने सुलतान की ओर से इस तरह मुँह मोड़ लिया जैसे उनका उससे कभी सम्बन्ध ही न था। बाबा भारती चले गए, परन्तु उनके शब्द खड्गसिंह के कानों में उसी प्रकार गूँज रहे थे। सोचता था, कैसे उच्च विचार हैं? उन्हें इस घोड़े से प्रेम था। इसे देखकर उनका मुख फूल की तरह खिल जाता था। कहते थे, इसके बिना मैं रह न सकूँगा। इसकी रखवाली में वह कई रातें सोये नहीं। भजन-भक्ति के बदले रखवाली करते रहे। परन्तु आज उनके मुख पर चिंता की रेखा तक न देख पड़ती थी। उन्हें केवल यह ख़याल था कि कहीं लोग ग़रीबों पर विश्वास करना न छोड़ दें। उन्होंने अपनी निज की हानि को मनुष्यत्व की हानि पर न्यौछावर कर दिया। ऐसा मनुष्य, मनुष्य नहीं, देवता है।

रात्रि के अंधकार में खड्गसिंह बाबा भारती के मंदिर में पहुँचा। चारों ओर सन्नाटा था। आकाश में तारे टिमटिमा रहे थे। थोड़ी दूर पर गाँव के कुत्ते भौंकते थे। मंदिर के अन्दर कोई शब्द सुनाई न देता था। खड्गसिंह सुलतान की बाग पकड़े हुए था। वह धीरे-धीरे अस्तबल के फाटक तक पहुँचा। फाटक चौपट खुला था। किसी समय वहाँ बाबा भारती स्वयं लाठी लेकर पहरा देते थे, परन्तु आज उन्हें किसी चोरी या किसी डाके का भय न था। खड्गसिंह ने आगे बढ़कर सुलतान को उसके स्थान पर बाँध दिया, और बाहर निकल कर सावधानी से फाटक बंद कर दिया। इस समय उसकी आँखों में पश्चाताप के आँसू थे।

अन्धकार में रात्रि ने तीसरा पहर समाप्त किया। चौथा पहर आरम्भ होते ही बाबा भारती ने अपनी कुटिया से बाहर निकल, ठण्डे जल से स्नान किया। उसके पश्चात इस प्रकार, जैसे कोई स्वप्न में चल रहा हो, उनके पाँव अस्तबल की ओर मुड़े, परन्तु फाटक पर पहुँचकर उनको अपनी भूल प्रतीत हुई, साथ ही घोर निराशा ने पाँवों को मन-मन भर का बना दिया। वे वहीं रुक गए।

घोड़े ने स्वाभाविक मेधा से अपने स्वामी की चाप को पहचान लिया और वह ज़ोर से हिनहिनाया।

बाबा भारती दौड़ते हुए अन्दर घुसे। अपने घोड़े के गले से लिपट कर इस प्रकार रोने लगे, जैसे बिछुड़ा हुआ पिता चिरकाल के पश्चात पुत्र से मिल कर रोता है। बार-बार उसकी पीठ पर हाथ फेरते थे। बार-बार उसके मुख पर थपकियाँ देते थे और कहते थे, ''अब कोई ग़रीबों की सहायता से मुँह न मोड़ेगा।''

Glossary

हार F	defeat
जीत F	victory
देनदार M	debtor
लहलहाते A	blooming and swaying
आनन्द M	pleasure
प्राप्त होना V	to achieve
भजन M	prayer
अर्पण होना V	to be dedicated
बलवान A	strong
जोड़ M	match
इलाका M	area, region
खरहरा करना VT	to massage
दाना खिलाना VT	to feed
लगन F	devotion
आदर M	respect
स्नेह M	affection
माल असबाब M	belongings
नागरिक M	citizen
मंदिर M	temple
बिछुड़ना M	separation
वेदना F	pain
असह्य A	unbearable
मोहमाया F	attachment
चकित A	surprised
सन्ध्या F	evening

डाकू M	robber
कीर्ति F	fame
हृदय M	heart
अधीर A	impatient
आपकी दया है	an idiom I am fine (due to your blessings)
चाह F	desire
खींचना VT	to pull, to draw
प्रशंसा F	praise
चाल F	gait, movement
छवि F	beauty, picture
अंकित होना V	carved
अभिलाषा F	wish
उपस्थित होना V	to be present
अस्तबल M	stable
घमंड M	pride
आश्चर्य M	surprise
बाँका A	good to look at, fancy
सहस्त्र A	thousand
उसकी आँखों से कभी न गुज़रा था	an idiom, literally, hadn't passed before his eyes, never saw one like that
भाग्य M	fate
के पश्चात PP	after
हलचल M	commotion, disturbance

बालक M	child, boy
मनुष्य M	human
वस्तु F	article, thing
उचकना V	to jump up suddenly
सवार होना V	to ride
वायुवेग A	as fast as a wind
हृदय पर साँप लोटना	an idiom to be very envious
अधिकार M	right
बाहुबल M	physical strength, literally, strength in the arms
प्रतिक्षण M	each moment
लापरवाह A	careless, carefree
फूला न समाना	an idiom, to be very pleased
करुणा F	compassion, pity
थामना VT	to halt, to stop
अपाहिज M	cripple
दुखिया MF	poor, helpless, troubled person
दया करना V	to have pity
परमात्मा M	God
भला करना M	to bless
सौतेला भाई M	step brother
लगाम F	rein
झटका M	jolt
तनकर Adv	straight

भय M	fear
विस्मय M	surprise
निराशा F	disappointment
चीख F	scream
गर्दन F	neck
प्रार्थना F	request
अस्वीकार करना VT	to decline
दिल टूटना V	to be heart broken
दास M	slave, servant
विषय M	subject
प्रकट करना VT	to disclose, to express
मुँह खुला रह जाना	an idiom, to be surprised
गड़ाना VT	to fix, to pierce
घटना F	incident
मुँह मोड़ना	an idiom, to turn away, to become indifferent
गूँजना V	to echo
उच्च विचार M	high ideals
मुँह फूल की तरह खिल जाना	an idiom, to be elated, to become happy
चिंता की रेखा F	lines or wrinkles of worry, signs of concern
देख पड़ना/दीख पड़ना V	to be apparent, to come in one's view
निज की हानि F	personal loss

मनुष्यत्व M	humanity
न्योछावर करना VT	to dedicate, sacrifice
रात्रि F	night
अँधकार M	darkness
सन्नाटा M	quiet
टिमटिमाना V	twinkle
भौंकना V	to bark
शब्द M	sound, word
बाग F	rein
फाटक M	gate
चौपट Adv	wide
पहरा देना VT	to guard
स्थान M	place
सावधानी Adv	carefully
आँसू M	tears
समाप्त करना VT	to complete, to finish
कुटिया F	hut
स्नान M	bath
के पश्चात् P	after
प्रतीत होना V	to be realized
स्वाभाविक A	natural
मेधा F	intelligence
पाँवों की चाप F	footsteps
हिनहिनाना V	to neigh
चिरकाल M	long time

Grammar and Exercises

I. जब तक नहीं/न . . . तब तक नहीं/न

This correlative is used to express the fulfilment of a condition, and roughly matches the 'until/unless' construction in English.

जब तक माँ अपने बच्चे को नहीं देख लेती तब तक उसको चैन नहीं आता।
The mother doesn't get peace of mind until she has seen her child.

When this construction is used to express a general situation, it prefers the habitual or the subjunctive in the **जब तक . . . नहीं/न** clause.

1. जब तक मैं रोज़ सवेरे चाय पी न लूँ तब तक मुझे अच्छा नहीं लगता।
   I don't feel good until I have had tea in the morning every day.

2. जब तक छात्र पढ़ने के लिए पुस्तकालय न जाते तब तक उन्हें खुशी न होती।
   The students don't feel happy until they have gone to the library to study.

II. Translate the following into Hindi

1. I don't feel hungry until I cook myself.

2. The student doesn't feel good until he speaks Hindi every day.

3. The teacher doesn't get happiness until she has taught her class well.

III. V -ने देना

This verbal construction with the modal देना expresses the modality of 'permission', 'to allow to', 'to let someone do something'. The verb before the modal देना always occurs in the -ने form without any agreement for number or gender.

1. खड्गसिंह जाते-जाते बोला, ''बाबाजी, मैं यह घोड़ा आपके पास न रहने दूँगा।''
   Khadagsingh said while leaving, "Babajee, I won't let this horse be with you."

2. आज मेरी माता ने मुझे पकाने न दिया।
   Today my mother didn't let me cook.

3. उसके पिता उसे अपनी गाड़ी चलाने देते हैं।
   His father lets him drive his own car.

IV. Translate the following into Hindi, Use the V-ने देना construction

1. The boy wanted to eat but I didn't let him eat.

2. The students should go to India but their parents won't let them go.

3. I have an exam tomorrow. Will you let me use your dictionary?

4. She likes tea very much but her mother doesn't let her drink tea.

V. कहीं . . . न

1. This construction indicates apprehension. It has roughly the same meaning as the construction with 'lest' in English. For example,

   देखिये, कहीं गिर न जाये।
   Watch out, lest it should fall.

2. It also expresses fear, about something unpleasant going to happen or hope that it won't happen but there is uncertainty. That's why this construction has the verb in the subjunctive form; for example,

   कहीं वह आ न जाये।
   I fear he might come (and I don't want him to) or, I hope he won't come.

   कहीं लोग गरीबों पर विश्वास करना न छोड़ दें।
   I am afraid people might stop trusting the poor.

इस साड़ी को आज ही ख़रीद लीजिये, कल तक कहीं वह बिक न जाये।
Buy this saree today, (I fear) it might be sold by tomorrow.

3. A variation of this construction can take the indefinite कोई and कुछ :

कुछ गिर न जाये।
(Watch out) lest something should fall.

कोई आ न जाये।
(Watch out) lest someone should come in.

कोई सामान छूट न जाये।
(Watch out) lest some baggage be left behind.

4. The कहीं of कहीं . . . न construction can be left out optionally.

देखिये वह कहीं खा न ले।
देखिये वह खा न ले।
Watch out lest he should eat it.

With simple (as opposed to 'compound') verbs 'नहीं' instead of 'न' occurs.

देखिये, वह कहीं गिरे नहीं।
Watch out, lest he should fall.

देखिये, वह कहीं खाए नहीं।
Watch out, lest he should eat it.

देखिये, लड़की कहीं सोये नहीं।
Watch out, lest the girl should sleep.

VI. V -e जाना

1. The modal जाना which expresses 'to continue doing something' occurs with a verb in the -e form (past participle oblique) in a special construction which also emphasises the fact that an action continued for sometime. Not all verbs can occur in this construction, especially non-active intransitive verbs.

   वह उठाये जा रहा था।
   He kept on raising it.

   वह घोड़े को दौड़ाए लिए जा रहा था।
   He went on running the horse.

   वह खाना बनाए जा रही थी।
   She went on cooking food.
   but *खाना बने जा रहा था is not possible.

2. This compound verbal has a preference for the progressive tense.

वह खाए जा रहा था is possible.
but *वह खाए जाता था is not possible.
वह खाए जाएगा is odd.
Similarly, शायद वह खाए जाए is again very odd.

But the same subjunctive becomes very fine if one uses the progressive form as in

शायद वह खाए जा रहा हो।

(Because of this one may even say that the verbal construction is really V -e जा रहना rather than just V -e जाना।)

3. Notice that it matches another construction with the modal जाना in which the verb occurs in the present participle: V -ता जाना, as in

वह खाता जा रहा था।
He kept on eating.

Notice that this construction doesn't have the kind of restriction the V -e जाना construction has as discussed above.

वह खाना बनाता जा रहा था।
He kept on cooking food.

is possible and so is

खाना बनता जा रहा था।
The food went on cooking.

As we saw above, *खाना बने जा रहा था is not possible.

4. Translate the first sentence into English. Then translate the second sentence into Hindi using the grammatical pattern of the first sentence:

   a. वह लैटिन (Latin) बोले जा रहा था।
   b. She kept eating green bananas.

   a. वह फ़िल्म देखते समय रोये जा रहा था।
   b. The student kept on talking foolishly. (बकना)

   a. वह महिला एक के बाद एक साड़ियाँ खरीदे जा रही है।
   b. The teacher went on lecturing every day. (भाषण देना)

VII. An Idiomatic Expression in क्या

इसकी चाल न देखी तो क्या देखा?
You haven't seen anything until you have seen its gait.

This is an expression to talk about a supposedly unique entity. This always occurs with verbs which can take an object or complement.

पीत्सा नहीं खाया तो क्या खाया?
You haven't eaten anything if you have not eaten Pizza.

डिज़नीलैंड (Disneyland) नहीं गये तो क्या गये?
You haven't been anywhere until you have been to Disneyland.

हिन्दी नहीं पढ़ी तो क्या पढ़ा?
You haven't studied anything until you have read Hindi.

VIII. Translate into Hindi using the construction indicated after each sentence

1. He must have seen thousands of horses. (होगा construction)

2. He began to think impatienly. (V -ने लगना construction)

3. A horse like this should have been with Khadagsingh (खड्गसिंह) (चाहिये past)

4. Looking at the horse the dacoit said, 'I won't let the horse stay with you.' (V -ने देना)

5. Baba Bharati used to go around every evening on his horse. (V -या करना)

IX. Fill in the blanks. Choose the right one from the pair in the parentheses

1. बाबा भारती को ------------ जीवन बिल्कुल पसंद न था। (नगर, नागरिक)

2. ------------ भर के लोग वहाँ उपस्थित (present) थे। (नगर, नागरिक)

3. उस स्त्री का ------------ बहुत ही ख़राब था। वह हमेशा गुस्सा रहा करती थी। (स्वभाव, स्वाभाविक)

4. खड्गसिंह एक डाकू था। यदि वह घोड़ा लेना चाहता था तो यह ------------ ही था। (स्वभाव, स्वाभाविक)

5. बाबा भारती ही ------------ थे। ग़रीब अपाहिज को देखकर पसीज (melt) गये। (मनुष्य, मनुष्यत्व)

6. वे अपने लिये ------------ की हानि कभी नहीं कर सकते थे। उन्होंने डाकू को घोड़ा ले जाने दिया। (मनुष्य, मनुष्यत्व)

7. खड्गसिंह को घोड़े की ------------ थी। (चाह, चाहना)

8. वह उसे ले जाना ------------ था। (चाह, चाहता)

X. Answer the following questions in a sentence or two

1. बाबा भारती ने खड्गसिंह से क्यों कहा कि घोड़ा लेकर भाग जाने की बात किसी को नहीं बताये?

2. बाबा भारती अपना समय कैसे बिताते थे?
3. घोड़े की चाल देखकर खड्गसिंह ने बाबा भारती से क्या कहा?
4. एक दिन संध्या समय जब बाबा भारती सुलतान की पीठ पर घूमने जा रहे तो क्या हुआ?

XI. Match synonyms by selecting the appropriate word from the given list and writing in its number next to the words below

प्रशंसा	(1) इच्छा
चाह	(2) तारीफ
प्रसन्नता	(3) बाद
पश्चात्	(4) खुशी
भय	(5) नहाना
स्नान करना	(6) डर

XII. Use the following idioms in meaningful sentences and translate them to bring out their meaning

1. आँखों से गुज़रना
2. हृदय पर साँप लोटना
3. फूले न समाना
4. आश्चर्य का ठिकाना न रहना
5. पाँवों को मन-मन भर का बना देना

XIII. Select the right meaning from the multiple choice of the underlined words and phrases

1. उसकी चाल तुम्हारा मन मोह लेगी।
   What is being said about the horse's gait?
   a. It is upsetting.
   b. It is discouraging.
   c. It is enchanting.

2. अपनी वस्तु की प्रशंसा दूसरे के मुख से सुनने के लिए बाबा जी का हृदय अधीर हो गया।
   Babajee was
   a. jealous
   b. impatient
   c. angry

3. जब तक बाबा भारती संध्या समय सुलतान पर चढ़कर आठ-दस मील का चक्कर न लगा लेते तब तक उन्हें चैन न आता।
   What did Babajee used to do every evening?
   a. take rounds
   b. go in circle
   c. run around

4. उसने अपनी आँखें बाबा भारती के मुख पर गड़ा दीं।
   What did Khadagsingh do?
   a. stared
   b. moved his eyes around
   c. looked away

5. बाबा जी ने अपना सब कुछ मनुष्यत्व के नाम पर न्यौछावर कर दिया था।

   What did Babajee do?

   a. He sacrificed everything.
   b. He took care of something.
   c. He took away something.

6. उन्होंने सुलतान की ओर से इस तरह मुँह मोड़ लिया जैसे उनका उससे कभी संबंध ही न था।

   Babajee bacame

   a. indifferent
   b. attached
   c. defiant

गाँवों की ओर

India is popularly known as a country of villages. Unfortunately, though until the Indian Independence the villages of India and the large masses of people living there had been grossly neglected. Independent India embarked on a program of village development but the progress has been slow. The basic pattern of life is extremely simple and based on subsistence agriculture. Despite various kinds of hardships Indian villagers are popularly thought of as very simple-hearted and very hospitable.

गाँवों की ओर

भारत की लगभग 80 प्रतिशत जनता गाँवों में रहती है। इसलिए यदि यह कहा जाए कि भारत गाँवों का देश है, तो अनुचित नहीं होगा। इन गाँवों की कुल संख्या सात-आठ लाख के करीब है। इनमें रहने वाले लोग अधिकतर किसान हैं, जो खेती करके अपना काम चलाते हैं। एक गाँव में अनेक जातियों और धंधोंवाले लोग आपस में मिलकर रहते हैं। उनके व्यवहार से ऐसा लगता है, जैसे वे एक ही परिवार के सदस्य हों।

अंग्रेज़ों के ज़माने में किसानों का जीवन बहुत अच्छा नहीं था, क्योंकि उनका अधिक समय मन्दिरों की सेवा करने में ही बीतता था।

ज़मींदार लोग अपनी ज़मीनें किसानों को किराए पर देते थे और बदले में पैसा लेने के साथ ही साथ अपना काम भी करवाते थे। खेती करने का ढंग भी पुराना था और खेती की उन्नति के लिए सरकार की ओर से बहुत कम कोशिश की जाती थी। परिणाम यह हुआ कि किसानों की कमाई ज़मींदारों की जेब में जाने लगी। देहातों में शिक्षा की भी बहुत कमी थी। पास-पड़ोस में स्कूल भी कम ही थे, इसलिए लड़कों की पढ़ाई भी अच्छी तरह नहीं हो पाती थी। किन्तु भारत के स्वतंत्र होने के बाद से ही गाँवों के जीवन में परिवर्तन शुरू हो गए। सरकार ने ज़मींदारों के अत्याचार को देखकर ज़मींदारी ही ख़त्म कर दी। पंचवर्षीय योजनाओं के द्वारा गाँवों में सिंचाई, बिजली और खेती के नए साधनों को पहुँचाने का काम शुरू हुआ। इसके साथ ही साथ किसानों और उनके बच्चों की शिक्षा पर भी ध्यान दिया जाने

लगा। आज भारत के गाँवों में पढ़ाई की समस्या काफी हद तक आसान हो गई है।

अभी भी गाँवों के जीवन में सुधार की आवश्यकता है। आज़ादी मिलने से पहले गाँवों के प्राय: सभी मकान कच्चे होते थे। अब धीरे-धीरे पक्के मकानों की संख्या बढ़ती जा रही है। आने-जाने के लिए अच्छी सड़कें और रेल के नए रास्ते भी बनते जा रहे हैं। आज का किसान अपनी ज़मीन का मालिक है। किन्तु खेती करने का ढंग अभी भी पुराना ही है। बहुत कम किसान ऐसे हैं जो अमरीका, जापान और रूस जैसे देशों के किसानों की तरह नए ढंग से खेती करते हैं। इसका कारण यह है कि भारत के किसान के पास इतनी पूँजी नहीं कि वह ट्रैक्टर ख़रीद सके इसीलिए वह हल-बैल से ही खेती करता है। खेतों की सिंचाई के लिए सरकार ने नहरों और कुओं का भी इन्तज़ाम किया है, पर खेती की आवश्यकताओं को देखते हुए वह भी थोड़ा ही है। इधर भारत सरकार ने कई देशों की सहायता से खाद के कई कारख़ाने स्थापित किए हैं और खेती के नए साधनों के लिए भी कोशिशें की जा रही हैं। किसानों को खेती के नए ढंगों की जानकारी देने और उनके जीवन को और भी अच्छा बनाने के लिए 'ब्लाक डेवलपमेन्ट' केन्द्रों की स्थापना हुई है। प्रत्येक गाँव में एक 'ग्राम-सेवक' रहता है, जो ब्लाक-अधिकारियों को गाँववालों की आवश्यकता के बारे में बताता है और ब्लाक से अच्छे बीज तथा खाद आदि लाकर नए ढंग से खेती करना भी बताता है।

हर एक हज़ार से अधिक की आबादी वाले गाँव की अपनी पंचायत है। पंचायतों के पहले किसानों को अपने झगड़ों को निपटाने के लिए कचहरियों की शरण लेनी पड़ती थी। अब अधिकतर झगड़े पंचायतों के सामने ही पेश होते हैं और पंच इन्हें

सुलझा देते हैं। पंचायत के सभी अधिकारियों को गाँव वाले ही चुनते हैं। गाँवों की उन्नति के लिए पंचायतें और भी कई काम करती हैं। खेती को आधुनिक बनाने की कोशिश में भारत सरकार ने दो अन्य प्रयास भी किए, एक तो सहकारी खेती, और दूसरा सहकारी समितियों की स्थापना। हमारे खेत छोटे-छोटे टुकड़ों में बँटे हुए हैं। परिणाम यह हुआ कि ट्रैक्टर आदि नए साधनों का उपयोग कठिन मालूम होने लगा। सरकार ने किसानों को इस बात के लिए बढ़ावा दिया कि वे सहकारी खेती शुरू करें। अभी तक इस दिशा में कोई विशेष लाभ नहीं हुआ है। खेती के नए औज़ारों को खरीदने के लिए पैसों की भी समस्या थी। इसीलिए सरकार ने ब्लाकों की देख-रेख में सहकारी समितियों की योजना बनाई। सहकारी समितियाँ गाँववालों के प्रबन्ध में ही चलती हैं। सरकार हर समिति के सदस्यों को समिति की पूँजी के आधार पर, व्यापार और खेती दोनों के लिए कर्ज़ देती है। ऐसे कर्ज़ का कुछ ही हिस्सा मामूली सूद के साथ कई किश्तों में चुकाना पड़ता है। ये समितियाँ बहुत अच्छे ढंग से चल रही हैं और इनकी सहायता से गाँवों में कई उद्योग भी चल रहे हैं।

अब तक हम लोगों ने गाँवों की हालत और सरकार की कोशिशों पर ही विचार किया। अब हमें उन कारणों की भी खोज करनी है, जिनके कारण अभी भी गांवों की पूरी उन्नति नहीं हो पाई। यह कारण तीन हैं :

1. गाँव के लोगों के पास पैसे की अभी भी कमी है। इसीलिए वे लोग नए साधनों को ख़रीदने में हिचकते हैं। सरकार कर्ज़ ज़रूर देती है, किन्तु अच्छी शिक्षा के अभाव में किसान पुराने ढंग को ही पसंद करते हैं। छोटे खेतों के कारण भी महंगे साधनों को खरीदना किसान पसंद नहीं करता।

2. सिंचाई के लिए सरकार ने नहरों, ट्यूबवेल और कुओं का प्रबन्ध ज़रूर किया है, किन्तु यह प्रबन्ध अभी भी पूरा नहीं। अभी भी बहुत से गाँव ऐसे हैं, जिनको ये सुविधाएँ प्राप्त नहीं हैं। वैसे भी भारत की खेती, सिंचाई के साधनों से अधिक, बरसात पर निर्भर है।

3. गाँववालों को विदेशों से प्राप्त खेती के ढंगों के ज्ञान को अभी भी पर्याप्त नहीं कहा जा सकता। सरकार को ऐसी सुविधाएँ और बढ़ानी हैं, जिनसे हमारे किसान खेती के नए से नए ढंग अपना सकें। इसी के साथ-साथ गाँवों की आर्थिक स्थिति को भी मज़बूत बनाना होगा।

गांधी जी ने कहा था कि स्वतंत्रता का सपना तो तभी सच्चा होगा जब गाँवों की हालत बहुत अच्छी हो जाएगी। हमारी सरकार गांधी जी के सपने को पूरा करने के लिए हर कोशिश कर रही है। वह दिन अधिक दूर नहीं जब हमारे गाँव हर तरह से खुशहाल होंगे।

Glossary

लगभग Adv	approximately
प्रतिशत M	per cent
जनता F	people in general
गाँव M	village
अनुचित A	improper
कुल A	total
संख्या F	number
करीब A	close

खेती करना Tr	to agriculture
जाति F	caste
धंधा M	occupation
आपस में Adv	among (themselves)
व्यवहार M	behavior
परिवार M	family
सदस्य M	member
ज़माना M	period
किसान M	farmer
जीवन M	life
ज़मींदार M	landlord
सेवा F	service
किराया M	rent
बदले में Adv	in return
ढंग M	style, manner
उन्नति F	progress
फल M	result
कमाई F	earning
जेब F	pocket
देहात M	village
शिक्षा F	education
कमी F	shortage
पास-पड़ोस M	neighborhood
पड़ोसी M	neighbor
स्वतंत्र A	independent
परिवर्तन M	change
सरकार F	government
अत्याचार M	torture

पंचवर्षीय योजना F	five-year plan
सिंचाई F	irrigation
साधन M	means
समस्या F	problem
सुधार M	improvement
आवश्यकता F	necessity
आज़ादी F	independence
प्राय: Adv	almost
कच्चा A	immature, unripe
मालिक M	master, owner
रूस M	Russia
पूँजी F	capital
हल M	plough
बैल M	ox
नहर F	canal
कुआं M	well
इन्तज़ाम M	arrangement
सहायता F	help
ख़ाद M	fertilizer
कारखाना M	factory
स्थापित करना Tr	to establish
जानकारी F	knowledge
केन्द्र M	center
ग्राम-सेवक M	volunteer, lit. one who opts to do some work in villages
अधिकारी M	officer
बीज M	seed

आबादी F	population
पंचायत F	term applied to traditional village councils of rural India, lit. a council of five persons
झगड़ा M	fight
निपटाना Tr	to settle
कचहरी F	court
शरण F	shelter
अधिकतर Adv	mostly
पेश होना Intr	to be presented
पंच M	arbitor
चुनना Tr	to choose
आधुनिक Adj	modern
अन्य Adj	other
प्रयास M	attempt
सहकारी Adj	co-operative
समिति F	committee
स्थापना F	establishment
टुकड़ा M	piece
बंटना Intr	to be divided
परिणाम M	result
आदि Adv	etc.
उपयोग M	use
बढ़ावा M	encouragement
लाभ M	advantage
विशेष A	special, particular

औज़ार M	tool
योजना F	plan, scheme
समस्या F	problem
देख-रेख F	supervision, in charge
प्रबन्ध M	arrangement
सदस्य M	member
पूँजी F	capital
आधार M	basis
व्यापार M	trade
कर्ज़ M	loan
हिस्सा M	part
मामूली A	ordinary
सूद M	interest
किश्त F	instalment
चुकाना Tr	to pay off
उद्योग M	industry
कमी F	shortage
हिचकना Intr	to hesitate
अभाव M	dearth
नहर F	canal
सुविधा F	convenience
बरसात F	rainy season
ज्ञान M	knowledge
अपनाना Tr	to accept, to own
आर्थिक A	economic
स्थिति F	condition
स्वतंत्रता F	freedom
सपना M	dream

Grammar and Exercises

I. Conversationally useful Strategies

The following underlined expressions appear in this lesson. Learn them and use them in sentences of your own. A free translation for each of them is indicated:

1. यदि यह कहा जाये कि भारत गाँवों का देश है तो अनुचित नहीं होगा।
   If one were to put it this way.........
   If it is suggested that..........

2. उनके व्यवहार से ऐसा लगता है कि हम जैसे एक ही परिवार के सदस्य हों।
   ....as if it were...........

3. फल यह हुआ कि किसानों की कमाई ज़मींदारों की जेब में जाने लगी।
   ....The result was that..........

4. साथ ही साथ किसानों की शिक्षा पर ध्यान दिया जाने लगा।
   And along with the other things.......
   And at the same time.........

5. सच पूछा जाये तो भारत के गाँवों में अभी भी बहुत गरीबी है।
   ....The real thing is.............
   ....Truly speaking..............

6. यदि सोचा जाये तो इस काम में कोई हानि नहीं है।
.............If you think about it..............

II. Verbs of Borrowing and Lending

The English verbs 'borrow' and 'lend' are used for money as well as other articles.The Hindi verbs कर्ज़ लेना 'to borrow' and कर्ज़ देना 'to lend' are used only in regard to money.

मैंने उनसे बहुत कर्ज़ लिया है।
I have borrowed a lot of money from him.

For an expression like 'I have borrowed a book from him' मैंने उनसे एक किताब कर्ज़ ली है is not a suitable idiomatic expression. For such meanings the proper Hindi words are उधार लेना and उधार देना (or even just the verbs लेना and देना appropriately contextualized) उधार लेना/देना is a more general term for lending and borrowing and can be used for money as well as other things.

उधार also has the general meaning of obtaining something on credit:

कर्ज़ as a noun has the meaning of 'debt' in both its literal and metaphorical sense. आपका मुझ पर बहुत कर्ज़ है। 'I am greatly indebted to you (for your favors).'

Other verbal expressions involving the word क़र्ज़ are

क़र्ज़ चुकाना	pay off a debt
क़र्ज़ खाना	to be obligated
क़र्ज़ उतारना	to be rid of a debt

III. Translate the following sentences choosing the right expressions for borrowing and lending

1. Lend me a book please.
2. Can I borrow a book from you?
3. Can you lend me some dollars?
4. He lent me a hundred rupees.
5. The farmers liked to pay off their debt.
6. I am not indebted to you.
7. I repaid his debt.

IV. More Conjunct Verbs

The appropriate verbs used with the nouns in the following conjunct verbal expressions are as given below:

समस्या सुलझाना	to solve a problem
झगड़ा निपटाना/निबटाना	to settle a dispute
खोज करना	to discover, to search for
बढ़ावा देना	to encourage
खेती करना	to farm
किराये पर देना/लेना	to rent out to someone/ from someone
किराया देना	to pay the rent, to pay the fare

V. Translate the following sentences using the appropriate conjunct verbs

1. There are a lot of problems to be solved.

2. The panchayat settled the farmer's quarrel.

3. The farmers were encouraged to use modern tools.

4. Indian farmers still farm with old tools.

5. It is not easy for them to have tools on rent.

VI. Answer the following questions in Hindi

1. भारत को गाँवों का देश क्यों कहा जाता है?
2. अंग्रेज़ों के ज़माने में किसानों का ज़मींदारों के साथ कैसा संबंध था?

3. पंचवर्षीय योजनाओं से गाँवों को क्या लाभ पहुँचा?
4. भारत के किसानों का खेती करने का ढंग अभी भी पुराना क्यों है?
5. किसानों को ब्लाक डेवलपमेन्ट केन्द्रों से क्या लाभ होता है?
6. ग्राम पंचायत से क्या लाभ है?
7. गाँव में सहकारी समिति क्या करती है?
8. गाँवों की पूरी उन्नति नहीं होने के कौन-से तीन कारण हैं?
9. गांधी जी का स्वतंत्रता के बारे में क्या सपना था?

भरत

This is a story of a young brave boy whose name was Bharat. The ancient name of India, that is, Bharatavarsa is suppose to be named after this boy. The name Bharat for India is still the formal name of India in the Indian Constitution though India is popularly also referred to as Hindustan in Hindi and Urdu. Bharat was the son of Shakuntala and Dushyant whose story is given in the very famous play 'Abhijnana Shaakuntalam' by one of the greatest literary figures of ancient India, namely, Kalidas. The play is in Sanskrit.

The date of Kalidas is not absolutely certain but probably he lived in the fourth century A.D. Kalidas wrote not only plays but also long poems and epics in Sanskrit. Kalidas was highly regarded by the great German poet Goethe. Sir William Jones who was the first European to master Sanskrit translated 'Abhijnana Shaakuntalam' by Kalidas into English. Kalidas's works are regarded as masterpieces not only of Sanskrit literature but of world literature. 'अभिज्ञान शाकुन्तलम' is his most famous play, 'मेघदूत' is his most famous long poem. Both 'रघुवंशम' and 'कुमार-शंभवम' are epics by Kalidas.

Bharat was the son of a king, Dushyant and a young woman Shakuntala who lived in a sage's hut in a jungle. They get separated because of a curse. Finally, the curse is over but the king cannot find Shakuntala until his attention is drawn to this boy by his heroic deeds.

भरत

बहुत दिनों पहले की बात है। भारतवर्ष में एक राजा राज्य करता था। राजा का नाम दुष्यंत था। दुष्यंत बड़ा प्रतापी और तेजस्वी था। छोटे-छोटे राजाओं की तो बात ही क्या, बड़े-बड़े नृपति भी उसके सामने अपना मस्तक झुकाते थे।

एक दिन दुष्यंत आखेट के लिए वन में गया। वन में वह रास्ता भूल गया और इधर-उधर भटकने लगा।

दुष्यंत इधर-उधर भटकता हुआ, एक मुनि के आश्रम में पहुँचा। उस मुनि का नाम कण्व था। कण्व उस समय अपने आश्रम में नहीं था, पर उसकी पुत्री मौजूद थी।

कण्व की पुत्री का नाम शकुन्तला था। शकुन्तला ने बड़े आदर से दुष्यंत को आश्रम में स्थान दिया और उस का आदर-सत्कार किया।

दुष्यंत कई महीने आश्रम में रहा। दुष्यंत और शकुन्तला दोनों हिलमिल गए। दोनों ने गन्धर्व विवाह कर लिया।

कुछ दिनों के बाद दुष्यंत शकुन्तला को अपनी अंगूठी दे कर अपनी राजधानी लौट गया। वह उसे वचन दे गया कि वह शीघ्र ही लौटकर आएगा और उसे अपने साथ ले जाएगा।

जब कई महीने बीत गए, और दुष्यंत लौटकर न आया तो शकुन्तला अधीर हो उठी। वह अधीर होकर दुष्यंत की दी हुई अंगूठी को देख-देखकर अपने दिन बिताने लगी।

एक दिन शकुन्तला जब बड़े ध्यान से दुष्यंत की अंगूठी देख रही थी, तो उसने दुर्वासा जी को आते हुए नहीं देखा। इसीलिए न तो वह उठ कर खड़ी हुई, और न उसने उन्हें प्रणाम ही किया।

पर दुर्वासा जी तो इतने से ही क्रोधित हो उठे। उन्होंने शकुन्तला को श्राप देते हुए कहा कि जिस की याद में वह डूबी हुई है, वह उसे भूल जाएगा।

दुर्वासा के श्राप से शकुन्तला को बड़ा दुःख हुआ। वह उन से अपनी भूल के लिए क्षमा माँगने लगी। आखिर दुर्वासा जी कुछ पसीजे। उन्होंने अपने श्राप के प्रभाव को कुछ कम कर दिया।

कुछ दिनों के बाद जब कण्व मुनि लौट कर आए और उन्हें शकुन्तला और दुष्यंत के विवाह का पता चला, तो उन्होंने अपने शिष्यों के साथ शकुन्तला को दुष्यंत के पास भेज दिया।

शकुन्तला जब दुष्यंत के पास जा रही थी, तो रास्ते में दुष्यंत की दी हुई अंगूठी नदी में गिर पड़ी, और उसे एक मछली निगल गई। शकुन्तला करती तो क्या करती? वह आँसू बहा कर रह गई, और खाली हाथ दुष्यंत के पास पहुँची।

पर दुर्वासा के श्राप के कारण दुष्यंत शकुन्तला को पहचान न सका। शकुन्तला ने उससे बहुत विनती की, पर दुष्यंत ने उसे ग्रहण करने से इन्कार कर दिया। शकुन्तला निराश हो उठी, और आँसू बहाती हुई वन में लौट गई।

उस समय शकुन्तला गर्भवती थी। वह फिर लौट कर कण्व मुनि के आश्रम में नहीं गई। वह वन में अलग आश्रम बना कर

रहने लगी, और उस दिन की प्रतीक्षा करने लगी, जब उसके बच्चे का जन्म होगा।

आखिर वह दिन आया, और शकुन्तला के गर्भ से एक बच्चे का जन्म हुआ। बच्चा क्या था, एक दूसरा सूर्य था, एक दूसरा चन्द्रमा था।

शकुन्तला ने अपने बच्चे का नाम भरत रखा। भरत सूर्य की कला की तरह धीरे-धीरे निखरने लगा। वह ज्यों-ज्यों बड़ा होने लगा, त्यों-त्यों 'होनहार विरवान के होत चीकने पात' के अनुसार उसके अंग-अंग से जौहर प्रकट होने लगा। शकुन्तला भरत के चमत्कारों को देख कर मन ही मन सुखों में डूब जाती।

शकुन्तला भरत को पढ़ाती-लिखाती, और उसे अस्त्र-शस्त्र चलाना भी सिखाया करती थी। शकुन्तला भरत को जितना सिखाती, भरत उस से कहीं अधिक सीख जाता था। स्वयं शकुन्तला को भी भरत की बुद्धि, और उसकी प्रतिभा पर बड़ा आश्चर्य होता था।

भरत बिना किसी भय के वन में चला जाता। वह सिंहों के बच्चों को देखते ही दौड़कर उन्हें पकड़ लेता, और मनुष्य के बच्चे की तरह उनके साथ हिल-मिल कर खेलने लगता।

सिंह और सिंहनियाँ भी भरत को कुछ न कहतीं। वे केवल एक बार उस की ओर देख कर रह जातीं। ऐसा लगता, मानो वे उस के भीतर छिपी हुई वीरता और साहस को देखकर अपना मस्तक झुका लेती हों।

उधर शकुन्तला की जो अंगूठी नदी में गिर गई थी, और जिसे

मछली निगल गई थी, वह एक मछुए के हाथ लगी। बात यह हुई कि जब मछली मछुए के जाल में फँसी, और उसने उस के पेट को छुरी से काटा, तो उस के भीतर उसे अंगूठी मिली। अंगूठी पर दुष्यंत का नाम खुदा हुआ था।

मछुआ डर गया, और अंगूठी लेकर दुष्यंत के पास गया। दुष्यंत ने जब वह अंगूठी देखी, तो उसे झट शकुन्तला की याद आ गई, क्योंकि अब दुर्वासा के श्राप की अवधि पूरी हो चुकी थी।

दुष्यंत अब शकुन्तला के लिए अधीर हो उठा। वह अपने सैनिकों को साथ लेकर, उसकी खोज में वन की ओर चल पड़ा।

दुष्यंत कई महीने वन में इधर-उधर भटकता रहा। आखिर वह उस स्थान पर जा पहुँचा, जहाँ शकुन्तला का आश्रम था।

आश्रम से दूर, वन में भरत सिंह के बच्चों के साथ खेल रहा था। वह कभी उन्हें पकड़ कर उनके मुँह के दाँत गिनता, और कभी उनके मुँह से अपना मुँह रगड़ता। पास ही बड़े-बड़े सिंह और सिंहनियाँ बैठी हुईं, बड़े चाव से भरत के खेल को देख रही थीं।

सहसा दुष्यंत की दृष्टि भरत पर पड़ी। भरत के तेज और साहस को देखकर दुष्यंत हक्का-बक्का हो गया। उस ने बड़े-बड़े साहसी बालकों को देखा था पर सिंह के बच्चें के साथ खेलने वाले बालक को उसने आज पहली ही बार देखा था।

दुष्यंत ने बड़े स्नेह से भरत को अपने पास बुलाया, और पूछा, ''तुम किसके पुत्र हो बेटा?''

भरत ने गर्व के साथ उत्तर दिया, "महाराज दुष्यंत का।" भरत की माँ शकुन्तला ने उसे यही सिखाया था। दुष्यंत ने फिर पूछा, "और तुम्हारी माता का क्या नाम है?"

भरत ने उत्तर दिया, "शकुन्तला।"

दुष्यंत के हर्ष की सीमा नहीं थी। वह भरत को लेकर शकुन्तला के आश्रम में पहुँचा। शकुन्तला और दुष्यंत दोनों एक-दूसरे से मिलकर बड़े प्रसन्न हुए।

भरत जब बड़ा हुआ तो अपने पिता के राजसिंहासन पर बैठा। भरत का प्रताप सचमुच सूर्य के समान ही तेजवान था।

भरत के नाम ही पर हमारे देश का नाम भारतवर्ष पड़ा है। भरत आज धरती पर नहीं हैं, पर उनका भारतवर्ष युग-युगों तक उनके यश की कहानी कहता रहेगा—कहता रहेगा।

Glossary

राज्य करना Tr	to rule
प्रतापी A	glorious
तेजस्वी A	brilliant
नृपति M	king
झुकाना Tr	to bend
आखेट M	hunting
वन M	forest
रास्ता M	way, path

भूलना Intr	to forget
भटकना Intr	to lose one's way
पुत्री F	daughter
मौजूद A	present
आदर M	respect
स्थान M	place
सत्कार करना Tr	to respect
हिलमिल A	became close
गन्धर्व A	pertaining to the Gandharv community or country
विवाह M	marriage with their own wishes, not with parents' wishes
अंगूठी F	ring
राजधानी F	capital
वचन M	word
शीघ्र Adv	soon
लौटना Intr	to return
बीतना Intr	to pass
अधीर A	impatient
ध्यान M	attention
ऋषि M	saint
क्रोध M	anger
सर्व-प्रथम A	first of all
डूबना Intr	to sink
क्रोधित A	angry
श्राप M	curse

भूल F	mistake
क्षमा F	forgiveness
क्षमा मांगना Tr	to ask for forgiveness
याद F	memory
प्रभाव M	effect
कम करना Tr	to lessen
पता चलना Intr	to come to know
शिष्य M	disciple
भेजना Tr	to send
मछली F	fish
निगलना Intr	to swallow
आँसू M	tear
बहाना Tr	to flow
खाली A	empty
विनती F	request
प्रार्थना F	prayer, request
ग्रहण करना Intr	to accept
इंकार करना Tr	to refuse
निराश A	disappointed
गर्भवती A	pregnant
प्रतीक्षा करना Tr	to wait
जन्म M	birth
सूर्य M	sun
चन्द्रमा M	moon
कला F	art
निखरना Intr	to blossom
होनहार विरवान के होत चीकने पात	promising ones show early signs

पसीजना Intr	to melt
अनुसार PP	according to
अंग M	part of body
जौहर M	skill, valour
प्रकट होना Intr	to appear to be expressed
चमत्कार M	miracle
मन ही मन Adv	in the heart
सुख M	happiness
प्रतिभा F	genius, brilliance
सिंह M	lion
सिंहनी F	lioness
वीरता F	bravery
मछुआ M	fisherman
जाल F	net
फँसना Intr	to get stuck
पेट M	stomach
छुरी F	knife
भीतर Adv	inside
खुदना Intr	to dig, to carve
झट Adv	soon, without any delay
अवधि F	time, period
दाँत M	tooth
रगड़ना Intr	to rub
सहसा Adv	suddenly
दृष्टि F	sight, view
हक्का-बक्का होना Intr	to get astonished

स्नेह M	affection
हर्ष M	happiness
सीमा F	limit
राजसिंहासन M	royal throne
तेजवान A	bright
यश M	fame

Grammar and Exercises

I. Complex Verbs

A number of verbs in Hindi are two-word verbs, e.g. खा लेना, बैठ जाना, याद करना, etc. They are basically of two kinds, (i) compound verbs which consist of a main verb followed by another verb, e.g. बैठ जाना 'to sit down', and (ii) conjunct verbs, which have a noun or adjective followed by an appropriate verb, e.g. विवाह करना 'to marry', प्रणाम करना 'to salute', कम करना 'to lessen', साफ करना 'to clean'.

The verb most commonly used in the conjunct verb construction is करना for the transitive and होना for the intransitive, e.g. कम करना 'to lessen something', कम होना 'for something to become less'. उन्होंने श्राप के प्रभाव को कुछ कम किया 'He lessened the effect of his curse', श्राप का प्रभाव कम हुआ 'The effect of the curse was lessened'. Other verbs are also used depending on the nature of the noun (or adjective) that they follow, e.g. श्राप देना, 'to curse (lit. to give/place a curse)' क्षमा माँगना 'to apologize or to beg forgiveness', पता चलना 'to find something out,' etc.

The Compound Verb Construction has the structure of a main verb in the stem form followed by another verb which shows all the agreements for person, number and gender. The second verb is a verb from a very restricted list of about 15 verbs, such as, लेना, देना, जाना, पड़ना, उठना, बैठना, etc.; but, of these, only three are most frequently used. They are लेना, देना and जाना। They express the general meaning of change of situation through a completive action or event, e.g. देना 'to give', दे देना something like 'to give away'; खाना 'to eat', खा लेना something like 'to be done eating'; गिरना 'to fall', गिर जाना 'to fall down', etc. There is more or less a well-defined distribution in regard to these three verbs. जाना follows intransitive verbs, लेना follows transitive verbs which are inherently self-directed or self-affecting (e.g. खाना, पीना, सुनना, देखना, etc.), and देना allows other transitive verbs which in general are other-directed (e.g. देना, मारना, भेजना, etc.). Thus

ले लेना	but	दे देना
खा लेना	but	खिला देना
पी लेना	but	पिला देना
सुन लेना	but	सुना देना
देख लेना	but	दिखा देना

Some verbs, which are neutral as to the above implication, can occur with either.

लिख लेना	to write (for one's own benefit)
लिख देना	to write (for someone else's benefit)
साफ कर लेना	to clean (for one's own benefit)
साफ कर देना	to clean (for someone else's benefit)

(The examples above also show that a conjunct verb can further be used in the compound form, साफ करना, साफ कर लेना, साफ कर देना)

It should be noted that while the compound verbs occur in affirmative and interrogative sentences, they do not normally occur in negative sentences.

आपने <u>खा लिया</u>	Are you done eating? Have you eaten?
नहीं, मैंने नहीं <u>खाया</u>	No, I have not eaten.

II. Choose the appropriate word from the alternatives given to fill in the blanks

1. मैंने खा ------------- (a) लिया (b) दिया
   मैंने खिला ------------- (a) लिया (b) दिया

2. मैं उठ ------------ (a) गया (b) दिया
   मैंने उठा ------------ (a) गया (b) दिया

3. मैंने कागज़ ले ------------ (a) लिया (b) दिया (c) गया
   मैंने उसको कागज़ दे -------- (a) लिया (b) दिया (c) गया

4. मैंने पानी पी ------------ (a) लिया (b) गया
   मैंने पानी पिला ------------ (a) गया (b) दिया

5. मैंने कहानी सुन ------------ (a) ली (b) दी
   मैंने कहानी सुना ------------ (a) ली (b) दी

6. मैंने तस्वीर देख ------------ (a) ली (b) दी (c) गई
   मैंने तस्वीर दिखा ------------ (a) ली (b) दी (c) गई

7. मैं कल रात को जल्दी सो ------------ (a) गया
   (b) लिया (c) दिया
   मैंने उसे कल रात को जल्दी सुला ------------ (a) गया
   (b) दिया (c) लिया

III. Complete the sentences below filling all the blanks for the meanings given in parentheses. You will need to use compound verbs for A and conjunct verbs for B. Choose the right verbs from below

A. 1. मछली अंगूठी ------------- (swallowed).
   2. शकुन्तला दुष्यंत को तुरन्त ही ----------- (recognized).

3. आखिर शकुन्तला वन में -------------- (arrived).
4. अंगूठी नदी में -------------- (dropped, fell).
5. कण्व मुनि ने अपने शिष्यों के साथ शकुन्तला को दुष्यत के पास -------------- (sent).
6. दुष्यंत शकुन्तला को -------------- (forgot).
7. अंगूठी नदी में -------------- (got sunk).
8. भरत की माँ ने उसे बहुत कुछ -------------- (taught).

सिखाना, भेजना, भूलना, गिरना, डूबना, निगलना, पहचानना, पहुँचना

B. 1. वह रोज़ भगवान की -------------- (prays).
2. दुष्यंत ने शकुन्तला को नहीं -------------- (accepted).
3. उसने उसे ग्रहण करने से -------------- (refused).
4. शकुन्तला बहुत -------------- (disappointed).
5. दुष्यंत को शकुन्तला की -------------- (remembered).
6. भरत के साहस को देख कर उन्हें बहुत-------------- (surprised).
7. जब कण्व मुनि को विवाह का -------------- (knew) तो उन्होंने शकुन्तला को दुष्यंत के पास भेज दिया।
8. जब शकुन्तला दुर्वासा को पहचान न सकी तो उन्होंने उसे -------------- (cursed).
9. शकुन्तला ने उनसे ------------- (asked for forgiveness) पर दुर्वासा ने न सुना।

क्षमा माँगना, आश्चर्य करना, पता चलना, श्राप देना, इन्कार करना, निराश करना, याद करना, स्वीकार करना, प्रार्थना करना

IV. The Verb चलना

चलना 'to move', 'to go' can occur in the compound verb form with ले (ले चलना 'to take along') which is similar to other compound verbs like ले जाना 'to take away', ले आना 'to bring along'. The verb चलना in the imperative always implies that the speaker also is included in going somewhere. In this regard, it is different from the verb जाना in the imperative which does not include the speaker. ले चलना, accordingly, in the imperative will imply that the person addressed will take along something and the speaker also will accompany him.

पुस्तकालय जाओ।	Go to the library.
पुस्तकालय चलो।	Let's go to the library.
इसे घर ले जाओ।	Take it home.
इसे घर ले चलो।	Let's take it home.
दुष्यंत शकुन्तला को अपने साथ ले चलेगा।	Dushyant will take along Shakuntala with him.

Another special compound verb with चलना is चला जाना which means 'to go away'. It is to be noted that in this compound verb चलना does not occur in its stem form but in the -aa form. It will, of course, agree for number or gender.

मोहन विदेश <u>चला गया</u>।
Mohan went away to foreign land.

सीता विदेश चली गई।
Sita went away to foreign land.

चलना is a very versatile verb in Hindi and is used in many senses of 'movement' (or, what goes) idiomatically. For example,

यह घड़ी नहीं चलती है।
This clock doesn't work.
(It doesn't move, i.e. it has no movement.)

पृथ्वी सूर्य के चारों ओर चलती है।
The earth moves around the sun.

यह पैसा यहाँ नहीं चलता है।
This coin/currency is not accepted here.

यह फैशन अब नहीं चलता है।
This fashion is not in vogue anymore.

काम चलता है।
Work goes on (somehow).

इससे मेरा काम नहीं चलेगा।
It is not adequate for me.
(lit. my work won't move with just this.)

पता चला है कि . . .
It has come to (our) knowledge that . . .

मैंने बहुत कोशिश की लेकिन कुछ पता नहीं चलता।
I tried hard but couldn't find out anything.
(lit. nothing has come to our knowledge).

(सब) चलता है
Anything goes.

आपका कैसा चल रहा है
How is it with you?
How are you getting along?
How are things with you?

आपकी हुकूमत यहाँ नहीं चलेगी।
Your will will not prevail here.

इस पर मेरा वश नहीं चलता।
I am powerless in this regard.
(lit. My control does not work in this regard.)

V. The Verb चलाना

The verb चलाना which is the causative of चलना similarly is used in many senses of making something move. It is used for all types of vehicle, e.g. in expressions like गाड़ी चलाना 'to drive a car' हवाई जहाज़ चलाना 'to fly a plane'; साईकिल चलाना 'to ride a bicycle'.

Related to these is the expression चला कर जाना/आना:

मैं शिकागो गाड़ी चलाकर गया।
I drove to Chicago.

मैं शिकागो साईकिल चलाकर आया।
I rode a bike to Chicago

Commonly used idiomatic expressions in चलाना include काम चलाना 'to make things work somehow'; बात चलाना 'to broach something, or to introduce or initiate conversation in regard to something'; हुकूमत चलाना 'to impose one's will (lit. one's rule or government).

The verb चलाना is very commonly used in the context of appliances and machinery to express the idea of starting them up. For example, पंखा चलाना 'to start a fan'; टी०वी० चलाना 'to turn the TV on'; मशीन चलाना 'to start up a machine'.

The verb चलाना is also used in the sense of 'running an operation, e.g. दुकान चलाना 'to run a store'; कारोबार चलाना 'to run a business'; आटे की कल चलाना 'to run a flour mill'; घर चलाना 'to manage a household'; देश चलाना 'to manage the affairs of a country', etc.

VI. Exercises

Translate the folowing sentences using appropriate idiomatic expressions in चलना or चलाना।

1. I drive to Chicago every morning.
2. How is it going with you?
3. I am managing with very little money at this time.
4. I have run a household for several years.
5. This currency is not accepted here.
6. This amount of money is not enough for me to manage my affairs.
7. How long will it continue like this?
8. Why did you turn the TV on and leave?
9. It is so hot here. Would you please turn the fan on?
10. After you are done cooking and cleaning, turn on the dish-washer.
11. In cooking this dish one should keep stirring the vegetables.

VII. Compound Verb in चलना

There are two types of compound verb in चलना, one in which it occurs as a second element as in ले चलना

'to take along'; and the other in which चलना is the first element as in चल जाना। (Notice that since चलना is an intransitive verb it will take जाना to express the completive sense.) Thus,

मेरा काम किसी तरह से चल गया।
(Lit. My things got managed somehow.)
I was able to manage somehow.

आजकल यहाँ यह फैशन चल गया है।
This fashion has now come into vogue here.

There is still another rather special compound verb with चलना which uses देना as the second element: चल देना 'to leave abruptly' or 'to set off unexpectedly'.

उन्होंने खाना खाया और चल दिये।
He finished his meal and just left.

अब तो मैं चल दिया।
I am setting off now.

वह पाँच मिनट बैठता है फिर चल देता है।
He stays just for five minutes and then goes off.

VIII. Construction with बिना and बगैर

बिना or बगैर is used to express the meaning 'without'. In the post positional form it is <u>के बिना</u> or <u>के बगैर</u>.

चीनी के बिना काम नहीं चलेगा।
चीनी के बगैर काम नहीं चलेगा।
We cannot manage without sugar.

Unlike other two-word postpositions in के, the के and बिना of के बिना can be separated, बिना then occurs before the noun and only के remains after the noun.

बिना चीनी के तो चाय पीना मुश्किल है।
बगैर चीनी के तो चाय पीना मुश्किल है।
It is rather difficult to drink tea without sugar.

The preposed बिना has a slightly more emphatic sense. When बिना is used with a verb, the verb occurs in the past participial oblique form.

खाये बिना without eating
सोये बिना without sleeping

Here also बिना can occur before the verb, e.g. बिना खाये, बिना देखे, in which it has been used in a slightly more emphatic sense.

IX. Exercises: Translate the following sentences into Hindi

1. I went away without eating meal.

2. Bharat used to fight with lions without fear.

3. The women liked the tea without milk.

4. It will be hard to know the news without listening to the radio.

5. You can't go there without driving a car.

X. Idiomatic Expressions in ही क्या

A very productive idiomatic expression in Hindi has the structure Noun ही क्या. This makes a rhetorical question which is roughly equivalent to the English 'not to speak of'.

छोटे राजाओं की तो बात ही क्या बड़े-बड़े नृपति भी उसके सामने अपना मस्तक झुकाते थे।
Even bigger rulers bowed before (accepted the supremacy of) that person, not to speak of the smaller kings.

The noun in this construction can be a noun like बात (and some others) or any semantically appropriate verbal noun (in the infinitive form).

ऐसा खाना ही क्या जिससे पेट न भरे!
What kind of eating is this which doesn't satisfy your hunger!

ऐसा बोलना ही क्या जिसका कोई असर न हो!
What kind of speech making is this which doesn't produce any result!

XI. Translate the following into English

1. हम गरीबों की बात ही क्या बड़े-बड़े अमीर लोग भी इतना खर्च नहीं कर सकते।

2. खाने के लिये पूछना ही क्या यह तो सब तरह से अच्छा है ही।

3. इस मकान को देखना ही क्या, यह तो सब तरह से अच्छा है ही।

4. ऐसी दुकान ही क्या जिसमें कोई भी खास सामान न मिले।

XII. Expression in रह जाना

वह आँसू बहा कर रह गई।
She could do nothing else but cry (helplessly).

रह जाना in these constructions expresses helplessness or lack of option.

मैं बस देखता रह गया।
All I could do was to watch (helplessly).

मैं बैठा रह गया।
I just sat there and could do nothing else.
(Lit. I just remained sitting.)

रहना in these expressions has the basic meaning of 'to remain or to be in a certain state'. It can also be interpreted as 'to exist in a certain state or for a certain state to exist'.

उसके दु:ख की सीमा न रही।
There existed no limit to his sorrow.
His sorrow knew no bounds.

उसकी खुशी की सीमा न रही।
His joy knew no bounds.

XIII. Translate the passage into English

जब सीता ने अपने मित्र की मृत्यु की खबर सुनी तो उसके दु:ख की सीमा न रही। मृत्यु लंदन में हुई थी और वह वहाँ जाना चाहती थी। लेकिन वह अपने छोटे बच्चों को छोड़ कर जाती कैसे? वह आँसू बहाकर रह गई। बच्चों को लिये बिना वह जा सकती थी लेकिन संभव (possible) न था। उसे लगा कि ऐसे समय पर वह अपने मित्र के लिये कुछ न कर सकी; बस, बैठी रह गई।

XIV. Expression in मानो

ऐसा लगता, मानो वे उसकी वीरता को देखकर अपना मस्तक झुका लेती हों।
It seemed as if they bowed their head in deference to his valour.

मानो is a sentence connective and can be very productively used to express a hypothetical situation or comparison. The clause with मानो generally occurs with the subjunctive (because of the hypothetical comparison implied).

जैसे कि is another expression which can provide for the same meaning. This also tends to favor a subjunctive construction.

It should be noted that जैसा कि is a completely different expression. It is a co-relative like जैसा and can alternate with it.

मैंने ऐसा मकान खरीदा जैसा कि आप चाहते थे।
I bought just the kind of house that you wanted.

Before a noun only जैसा (or जैसे, जैसी) can be used; before a whole sentence जैसा कि (and also just जैसा) can be used.

जैसा (कि) आपने कहा
As you stated earlier

जैसा मकान आप चाहते हैं
The kind of house you want
*जैसा कि मकान आप चाहते हैं

XV. Translate the following sentences into Hindi using मानो, जैसे कि expressions

1. This big house is so pretty as if it were Tajmahal itself.

2. The girl was so pretty that it seemed as if her face was the moon itself.

3. Bharat played with the cubs as if he was a cub.

मासूम
(The Innocent One)

'Masoom' is the story of an architect, D.K. Malhotra, his wife, Indu, and their two daughters, Rinki and Minnie. Their happy and peaceful lives are disrupted when one day without warning D.K. learns that he has a 9-year old son, the product of a liaison many years ago on a trip to Nainital. The mother is now dead and the child has nowhere to go. The child, Rahul, comes to New Delhi to stay with D.K. and his family. The tensions that develop between D.K. and Indu deepen with the continued presence of Rahul, who serves as a constant reminder of D.K.'s infidelity.

Rahul is still unaware that the father he has been searching for so long is so near. Despite Indu's barely veiled anger towards him, he is shown a great deal of affection by D.K. and the two girls, and for some time he lives happily as part of the family. As time passes, however, Indu's feelings of resentment deepen. Finding the situation intolerable, she insists that her husband send Rahul away. D.K. and Rahul take a trip to Nainital where D.K. obtains admission for Rahul in a boarding school. The days they spend together alone in Nainital bring them closer, Rahul seeing in D.K. the father he has been looking for, and D.K., seeing in Rahul the son he has desired for so long. Despite this closeness, D.K. knows that he can never allow Rahul to be part of his family for fear of ruining his marriage.

They return to New Delhi where Rahul is to spend his last days before his school starts. In this period Rahul accidentally comes across the original letter received by D.K. informing him that Rahul is his son. Confused and upset, the following evening Rahul runs away. He is found eventually, but the incident has profound repurcussions on Indu and D.K.

D.K. realizes just how much Rahul has come to mean to him. Indu comes to understand Rahul's own feelings in all of this, that her helplessness and vulnerability cannot begin to compare to that of a child's. Her realization of Rahul's poignant need for a father and her and D.K.'s shared responsibility in this regard all help to bring a happy ending to this story, that is, Rahul's return to the family.

The word masoom literally means 'sinless' or 'innocent' but is commonly used to refer to a helpless young living thing—one who is unaware of the complex ways of the world—unworldly. In this movie it refers to the innocence and helplessness of Rahul caught in the complex ways of the world for no fault of his.

कुछ संवाद और कुछ गीत

इन्दुः जान निकल जाती है इस ट्रैफ़िक (traffic) में जाना पड़ जाये शहर। चार बजे से निकली हूँ मैं, यह लो, तुम लोगों की कलर पैन्सिल्ज़ (color pencils) आ गई फिर नहीं गुमाना। इन्दु पैकेज नीचे रखती है। यहाँ से फूलदान कहाँ गया? अब्दुल, ज़रा पानी देना। (नौकर पानी लाता है; इन्दु पानी पीती है) यहाँ से फूलदान कहाँ गया?

नौकरः मालूम नहीं।

इन्दुः इस घर में किसी को कुछ मालूम नहीं रहता है न? ये लो तुम्हारी पैन्सिल्ज़। (रिंकी को पैकेज पकड़ाती है) अरे, यहाँ तस्वीर की जगह यह कैक्टस किसने रखा? बेला! जब देखो गायब रहती है। घर में कदम ही नहीं टिकता उसका। (सीढ़ियों से ऊपर जाती है) आप लोग इतने चुपचाप क्यों बैठे हैं?

डी.के.: लो! घर में चुपचाप नहीं बैठ सकते? शराफत से।

इन्दुः आप लोगों की शराफत मैं खूब जानती हूँ। (ऊपर जाती है)

मिन्नीः पापा, मम्मी मुँह धोने बाथरूम जा रही है।

डी.के.: ओ! मर गये इन्दु बाथरूम जा रही हो क्या?

इन्दु: क्या?

डी.के.: मुँह धोने जा रही हो क्या?

इन्दु: क्यों?

डी.के.: ऐसे ही . . . मैंने सुना है ज़्यादा मुँह धोने से स्किन (skin) खराब हो जाती है।

इन्दु: कहाँ सुना?

डी.के.: मिन्नी कह रही थी।

मिन्नी: नहीं पापा, मैंने नहीं कहा था। वह तो दीदी ने कहा था।

रिंकी: नहीं-नहीं, मैंने तो बस रेडियो पर सुना था।

मिन्नी: हाँ-हाँ रेडियो पर सुना।

इन्दु: क्या हो गया तुम लोगों को।

मिन्नी: पापा?

डी.के.: हाँ।

मिन्नी: अब तो फँस गए।

डी.के.: हाँ। (कुत्ते के भौंकने की आवाज़ आती है; इन्दु ऊपर से चिल्लाती है)

इन्दुः डी.के.! डी.के.! बाहर निकालो इस कुत्ते को यहाँ से! कौन लाया इसको यहाँ? बाहर निकालो तो! मैंने कहा न? निकालो यहाँ से। लाया कौन था इसे? मैं पूछ रही हूँ लाया कौन था इसे?

डी.के.: चलो भई! (कुत्ते को उठा लेता है)

इन्दुः मुझे मालूम था।

मिन्नी: मम्मी, मम्मी! पपी को रहने दो न!

इन्दुः चुप!

Part II

इन्दुः डी.के., रिंकी का होमवर्क (homework) मुझसे नहीं होता। वैसे ही मैं हिसाब में कमज़ोर हूँ। ऊपर से न्यु मैथ (new math) का पता नहीं क्या ब्लाक्स (blocks) बनाने पड़ते हैं। अब से तुम देखा करो। अगर फिर से वह मोटी फ़र्स्ट (first) न आई तो रिंकी मुझे माफ़ नहीं करेगी। (बिस्तर ठीक करती है)। उठो, कपड़े नहीं बदलोगे क्या?

डी.के.: इन्दु, मैं तुम्हें कुछ बताना चाहता हूँ।

इन्दुः कहो।

डी.के.: तुम्हें अच्छा नहीं लगेगा।

इन्दुः क्या बात है?

डी.के.: रहने दो। फिर कभी बता दूँगा। कुछ नहीं है इन्दु।

इन्दुः प्लीज़ डी. के. (please D.K.) ऐसा मत करो . . क्या बात है।

डी.के.: इन्दु, मेरी ज़िन्दगी में एक और लड़की आई थी।

इन्दुः ऐसी बातों में मज़ाक नहीं करते।

डी.के.: मैं मज़ाक नहीं कर रहा हूँ, इन्दु। मैं मज़ाक नहीं कर रहा हूँ। जब मैं गया था वहाँ . . .

इन्दुः कहाँ?

डी.के.: नैनीताल, मैं स्कूल के Old Boy's function में . . .

इन्दुः तब तो रिंकी पैदा होने वाली थी।

डी.के.: हाँ, तब वह वहाँ मुझे मिली थी।

इन्दुः कौन?

डी.के.: भावना। वह लड़की। इन्दु, मुझे मालूम नहीं मैं कैसे

अपने आपको सम्भाल न सका। शायद मैं अकेला था वहाँ, पर वह भी अकेली थी। एक बार मैं उसके घर गया और उसके घर रात को वहीं . . . वहाँ रुक गया। नहीं रुकना चाहिये था मुझे। मुझे नहीं रुकना चाहिये था।

इन्दुः Oh, D.K. Please stop it.

डी.के.: इन्दु, उसके बाद मैंने कभी नहीं देखा उसे, इन्दु। 'swear . . .' तब भी मेरा उससे कोई खास रिश्ता नहीं था।

इन्दुः खास रिश्ता नहीं था? इससे ज्यादा ख़ास और क्या होता है, डी.के.? तो अब उसे क्या चाहिये?

डी.के.: कुछ नहीं वह तो मर चुकी है।

इन्दुः तो फिर?

डी.के.: उससे बेटा है मेरा।

इन्दुः Oh God! D.K. ऐसा मत करो डी.के., ऐसा मत करो। मुझे डर लगता है। (रोती है)

रिंकी: (दरवाज़ा खोलती है) मम्मी! मम्मी! (इन्दु दौड़कर बाथरूम चली जाती है।)

डी.के.: रिंकी बेटा, आप सो जाईये। चलिये, चलिये।

Part III

राहुलः अंकल (uncle)? यह नाड़ा अंदर गया है।

डी.के.: नाड़ा अंदर गया? इसको बाँध दो न ऊपर से ऐसे ही। (नाड़ा खुल जाता है) ऐसे ही सो जाओ न?

राहुलः नहीं, गिर जायेगा।

डी.के.: अरे, कुछ नहीं गिरेगा-विरेगा। कम्बल ओढ़ के सो जाओ।

राहुलः अंकल, टाईम (time) क्या है?

डी.के.: साढ़े आठ। क्यों?

राहुलः मिन्नी बाथरूप में दाँत ब्रश (brush) कर रही होगी और रिंकी ज़ोर-ज़ोर से दरवाज़ा खटखटा रही होगी।

रिंकी: जल्दी कर न, मिन्नी। जल्दी कर न, स्टूपिड (stupid)! स्टूपिड! (मिन्नी दरवाज़ा खोलती है)

मिन्नीः You stupid! (मंजन थूकती है)

रिंकी: छिः

इन्दुः अरे इतना शोर क्यों मचा रखा है?

रिंकी: मम्मी, इस मिन्नी को कहो न, कितनी देर लगाती है बाथरूम में।

इन्दुः छिः, गन्दी बच्ची। मुँह धो जाकर। और सुनो। तुम दोनों आज मेरे ही साथ सो जाना।

रिंकी: मम्मी, आपको अकेले डर लगता है?

Part IV

राहुलः अंकल, आप मुझे बहुत अच्छे लगते हैं।

डी.के.: अच्छा?

राहुलः जी।

डी.के.: बेटे, आप भी तो हमें बहुत अच्छे लगते हैं।

राहुलः जब पापा आयेंगे न तो उनके साथ नहीं रहूँगा।

डी.के.: क्यों?

राहुलः मैं आप ही के साथ रहूँगा। फिर मैं आपको पापा बुला सकूँगा।

पुलिस स्टेशन (Police Station)

पुलिस का आदमी: (टेलिफोन पर) ओ भाई, क्या हालचाल है? कैसा चल रहा है सब कुछ? ओ भाई, तू आया नहीं हमने तो तुझे बुलाया था उस दिन, तू आया नहीं। हाँ, हाँ भाई, किस दिन आपको टाईम नहीं मिलता।

डी.के.: आप ज़रा जल्दी नहीं कर सकते हैं?

पुलिस का आदमी: बाप का नाम?

डी.के.: बाप का नाम? बाप का नाम जानकर आप क्या करेंगे? बच्चे का नाम आपके पास है, उसका पूरा डिस्क्रृप्शन (description) आपके पास है। उसे ढूँढकर आप क्या बाप का नाम पूछेंगे?

पुलिस का आदमी: बाप का नाम?

डी.के.: डी.के. मल्होत्रा।

पुलिस का आदमी: भई, ज़ोर से बोलिये।

डी.के.: डी.के. मल्होत्रा, डी.के. मल्होत्रा, आपको सुनाई नहीं देता है क्या?

सूरी: ओहो, चुप यार चुप।

डी.के.: इन्दु?

इन्दु: डी.के., कुछ मालूम हुआ? वह मिला क्या?

डी.के.: नहीं?

इन्दु: कहाँ से बोल रहे हो?

डी.के.: मैं यहाँ पुलिस स्टेशन के पास पेट्रोल पम्प (petrol pump) है . . . मैं वहाँ से बोल रहा हूँ। मैंने रिपोर्ट (report) तो लिखा दी है पुलिस स्टेशन में लेकिन कुछ हो ही नहीं रहा है। कुछ पता नही चल रहा है; मालूम नहीं क्या हो गया है उसे।

इन्दुः डी.के., देखो तुम घर चले आओ। वहाँ बैठे रहने से क्या होगा?

सूरीः भाई साहब, भाई साहब, कुछ मालूम हुआ? और?

पुलिस आदमीः जी नहीं, अभी कोई ख़बर नहीं।

डी.के.: तो साहब, आप मुझे बताइये कि आपका इतना बड़ा पुलिस डिपार्टमेंट (department) किस काम का है? एक बच्चे को नहीं ढूँढ सकते हैं आप?

सूरीः थैंक यू (thank you) जी, थैंक यू।

गीत 1

तुझसे नाराज़ नहीं ज़िंदगी से हैरान हूँ मैं
तेरे मासूम सवालों से परेशान हूँ मैं

जीने के लिये सोचा ही नहीं दर्द संभालने होंगे
मुस्कुरायें तो मुस्कुराने के कर्ज़ उतारने होंगे
मुस्कुराओ तो भी तो लगता है जैसे होठों पे सर्द रखा है

ज़िन्दगी तेरे ग़म ने हमें रिश्ते नये समझाये
मिले हैं हमें धूप में मिले छांवों के ठंडे साये
आज आँखें भर आई हैं, बूँदें बरस जायेंगी
कल क्या पता इनके लिए आँखें तरस जायेंगी
जाने कब गुम हुआ, कहाँ खोया, एक आँसू छुपा के रखा था।

गीत 2

लकड़ी की काठी, काठी पे घोड़ा
घोड़े की दुम पे जो मारा हथौड़ा
दौड़ा दौड़ा दौड़ा घोड़ा दुम उठा के दौड़ा

घोड़ा पहुँचा चौक में, चौक में था नाई
घोड़े जी की नाई ने हजामत जो बनाई
दौड़ा दौड़ा दौड़ा घोड़ा दुम उठा के दौड़ा

घोड़ा था घमंडी पहुँचा सब्ज़ी मंडी
सब्ज़ी मंडी बरफ पड़ी थी बरफ में लग गयी ठंडी
दौड़ा दौड़ा दौड़ा घोड़ा दुम उठा के दौड़ा

घोड़ा अपना तगड़ा है, देखो कितनी चरबी है
चरता है महरोली में पर घोड़ा अपना अरबी है
दाँत हिला के दौड़ा दौड़ा, दुम उठा के दौड़ा
लकड़ी की काठी. . . .

Glossary
कुछ संवाद

जान निकलना Intr	to become lifeless, to be in great agony
जान F	life
फूलदान M	flower vase
कदम M	foot step
टिकना Intr	to stay
शराफ़त F	gentleness, civility
फँसना Intr	to be caught (in a trick), to be entrapped
भोंकना Intr	to bark
चिल्लाना Intr	to scream
ज़िन्दगी F	life
मज़ाक M	joke
रिश्ता M	relationship
नाड़ा M	string
बाँधना Tr	to tie
गिरना Intr	to fall, to drop, to slip
ओढ़ना Tr	to cover oneself
खटखटाना Tr	to knock

मंजन M	tooth paste
शोर मचाना Tr	to make noise
छि:	fie! pish!

मासूम के गीत

नाराज़ A	angry
हैरान A	perplexed
परेशान A	upset, worried
मुस्कुराना Intr	to smile
कर्ज़ा M	debt
कर्ज़ा उतारना Tr	to pay off a debt,
होंठ M	lip
सर्द A	cold, cool, frigid
छाँव F	shadow, shade
साया M	shadow, shade
भरना Intr/Tr	to be filled/to fill
तरसना Intr	to pine for, to crave for
आँसू M	tear
छुपाना Tr	to hide
काठी F	saddle, frame
दुम F	tail
हथौड़ा M	hammer
चौक M	market place, square
नाई M	barber
हजामत F	shave

घमंडी A	conceited
मंडी F	market place
तगड़ा A	strong
चरबी F	fat, stout
अरबी A	Arabian
हिलाना Tr	to shake

Grammar and Exercises

I. Idioms and Expressions

1. जान निकलना
An expression of exasperation, for a diffucult task or situation; literally, for life to ebb out.

इस इम्तिहान की तैयारी में तो मेरी जान निकल गई।
It was not an easy task preparing for this exam.

2. कदम टिकना
To stay put for any appreciable amount of time, to be dependable, to be stable; literally, for the feet to be stable.

छुट्टी के दिनों में घर में बच्चों के कदम ही नहीं टिकते।
During the holidays children can hardly stay home.

3. फँस जाना
To be caught in a difficult situation, literally, to be entrapped or hooked.

हम काम में फँस गए।
I got tied up in work.

ऐसा काम मत करो, फँस जाओगे।
Don't get into this, you won't be able to get out of this / you will get caught / you will be entrapped.

4. X से नहीं होता
X is not able to do it; X cannot bring himself to doing it.

ऐसा काम मुझसे नहीं होता।
I am not able to / cannot bring myself to do this.

5. जब देखो
An expression of disapproval, all the time; literally, no matter when you look for it.

जब देखो वह सोया रहता है।
He sleeps all the time/Whenever you look for him, you find him sleeping.

6. यह लो/लीजिये
Here it is.
This is also used to express surprise or disapproval.

यह लीजिये, वह तो यहाँ आकर बैठे हुए हैं।
Well, what do you know, here he is.

II. V -या करना

This verbal construction expresses the modality of habitual action.

वह यहाँ रोज़ आया करता है।
He comes here every day.

The construction can take a single stem verb or compound stem verb:

उन दिनों मैं रोज़ रात को दस बजे सो जाया करता था।
Those days I used to go off to sleep at ten o'clock in the night everyday.

This construction is similar to but different from the construction V -ता रहना।

वह खाता रहता है।
He keeps on eating.

It is to be noted that the -aa in V -aa is not a past participial. That is why with the verb जा it is जाया करना and not *गया करना।

मैं रोज़ पुस्तकालय जाया करता हूँ।
I go to the library everyday (habitually, as a general rule).

III. Translate the following sentences into Hindi. Use the V -aa करना expression

1. Help the poor always.
2. I will listen to Hindi songs often (अक्सर).
3. It is not necessary for him to see me everyday.
4. He used to drink tea every morning.
5. The student used to go to class evenings.

IV. The Compound Verb in V -रखना

The Compound Verb in रखना expresses a definitive (and sometimes precipitous) situation.

मैंने उनको कह रखा है।
I have already told him (and the necessary action should follow).

मैंने उनके बारे में सुन रखा है।
This is what I understand on the basis of what I have heard about him.

लोगों ने बहुत शोर मचा रखा है।
This is what the situation is: people have been clamoring about it.

मैंने डाक्टर को दिखा रखा है।
I have already got it examined by a doctor (and there is nothing more to be done at this time but just wait).

V. Transform the following sentences into V -रखना construction

Example: मैंने उन्हें इसके बारे में बताया है।
मैंने उन्हें इसके बारे में बता रखा है।

1. मैंने सब कुछ सुना था।

2. ठीक है, मैं इसे तैयार करूँगा।

3. मैंने इसके बारे में बहुत-कुछ पढ़ा।

4. मैंने उनको चाभी (key) दी है।

VI. Derived Abstract Nouns

Abstract nouns are derived from verb stems by the addition of the suffix -ई very productively. All these abstract nouns are feminine.

देखना —— दिखाई
रोना —— रुलाई
हँसना —— हँसाई
पढ़ना —— पढ़ाई
लिखना —— लिखाई
सूझना —— सुझाई

These nouns have roughly the same meaning as the English nouns in -ation; for example, condemn—condemnation, form—formation, etc.

नये मेहमान

'नये मेहमान' is a light-hearted one act play which describes a situation of dislocation created in an average low-middle class household by the unexpected visit by guests late at night. It describes a typical Indian situation in which guests drop by unannounced at any hour of the day or night. The Indian sense of hospitality prevents the hosts from turning them away. In fact, these guests are complete strangers but feel free to come and stay because they have a reference from an aquaintance. The funny part is that even that acquaintance is a case of mistaken identity. However, even though the hosts are confused they consider it their duty to make these visitors feel at home at much personal inconvenience. By the end of the play the confusion is clarified and the visitors leave to a great sense of relief on the part of the host. Ironically, however, soon thereafter a bonafide guest, a relative, arrives unannounced in the true Indian tradition and the hosts' tasks of hospitality at much personal inconvenience begin all over again.

Uday Shankar Bhatt is a writer known for his portrayal of realistic everyday situations in his plays as well as his novels. He is one of the well-known writers of one-act plays that flourished in Hindi in the 1930s and thereafter. This tradition followed the play-writing tradition established by a very important Hindi literary figure Jayashankar Prasad. Some of the other better-known writers of early one-act plays in Hindi are Jagdish Chandra Mathur, Dharmveer Bharati, Upendranath Ashk, and Vishnu Prabhakar.

नये मेहमान

विश्वनाथ: यही तो तुम्हारी बुरी आदत है। किसी का कहना न मानोगी, बस अपनी ही हाँके जाओगी। पन्द्रह दिन से सिर में दर्द हो रहा है। मैं कहता हूँ खुली हवा में सो जाओगी तो तबीयत ठीक हो जाएगी।

रेवती: तुम तो व्यर्थ की ज़िद करते हो। भला यहाँ आँगन में तुम्हें नींद आएगी? बंद मकान, हवा का नाम नहीं। रात भर नींद न आएगी। सवेरे काम पर जाना है। जाओ। मेरा क्या है, पड़ी रहूँगी।

विश्वनाथ: नहीं, यह नहीं हो सकता। आज तो तुम्हें ऊपर सोना पड़ेगा। वैसे भी मुझे कुछ काम करना है।

रेवती: ऐसी गर्मी में क्या काम करोगे? तुम्हें भी न जाने क्या धुन सवार हो जाती है। जाओ, सो जाओ। मैं आँगन में खाट पर इसे लेकर जैसे-तैसे रात काट लूँगी। जाओ।

विश्वनाथ: अच्छा तुम जानो। मैं तो तुम्हारी भलाई के लिए कह रहा था। मैं ही ऊपर जाता हूँ।

(बाहर से कोई दरवाज़ा खटखटाता है)

रेवती: कौन होगा?

विश्वनाथ: न जाने देखता हूँ।

रेवती: हे भगवान, कोई मुसीबत न आ जाए।

(बच्चे को पंखा करती है। बच्चा गर्मी के मारे घबरा कर उठ बैठता है, पानी माँगता है। वह बच्चे को पानी पिलाती है, पंखा करती है। इसी समय दो व्यक्तियों के साथ विश्वनाथ प्रवेश करता है। रेवती बच्चे को लेकर आँगन में चली जाती है। आगंतुक एक साधारण बिस्तर तथा एक संदूक लेकर कमरे में प्रवेश करते हैं। विश्वनाथ भी पीछे-पीछे आता है। कमीज़ों के ऊपर काली बण्डी, सिर पर सफेद पगड़ियाँ। बड़े की अवस्था पैंतीस और छोटे की चौबीस है। रंग साँवला, बड़े की मूँछें मुँह को घेरे हुए, माथे पर सिलवट। छोटे की अधकटी मूँछें, लम्बा मुख और बड़े-बड़े दाँत। दोनों मैली धोतियाँ पहने हैं। बड़े का नाम नन्हेमल और छोटे का बाबूलाल है। इस हबड़-तबड़ में दोनों बच्चे ऊपर से उतर कर आते हैं, और दरवाज़े के पास खड़े होकर आगंतुकों को देखते हैं।)

विश्वनाथ: (बड़े लड़के से) प्रमोद ज़रा कुर्सी इधर खिसका दो, (दूसरे अतिथि से) आप इधर खाट पर आ जाइए! ज़रा पंखा तेज़ कर देना, किरण।

(किरण पंखा तेज़ करता है, किन्तु पंखा वैसे ही चलता है।)

नन्हेमल: (पगड़ी के पल्ले से मुँह का पसीना पोंछ कर उसी

से हवा करता हुआ) बड़ी गर्मी है। क्या कहें, पंडित जी, पैदल चले आ रहे हैं। कपड़े तो ऐसे हो गए हैं कि निचोड़ लो।

विश्वनाथ: जी, आप लोग . . .

बाबूलाल: चाचा, मेरे कपड़े निचोड़ कर देख लो, एक लोटे से कम पसीना नहीं निकलेगा। धोती ऐसे चर्रा रही है, जैसे पुरानी हो। पिछले दिनों नकद नौ रुपए ख़र्च कर के ख़रीदी थी।

नन्हेमल: मोतीराम की दुकान से ली होगी। बड़ा मक्कार है। मैंने भी कुरतों के लिए छः गज मलमल मोल ली थी, सवा रुपए गज़ दी जब कि नत्थामल के यहाँ साढ़े नौ आने गज़ बिक रही थी। पंडित जी, गला सूखा जा रहा है। स्टेशन पर पानी भी नहीं मिला, मन करता है लेमन की पाँच-छः बोतलें पी जाऊँ।

बाबूलाल: मुझे कोई पिला कर देखे, दस से कम नहीं पीऊँगा, (बच्चों की ओर देख कर) क्या नाम है तुम्हारा भाई?

प्रमोद: प्रमोद।

किरण: किरण।

बाबूलाल: ठंडा-ठंडा पानी पिलाओ दोस्त, प्राण सूखे जा रहे हैं।

विश्वनाथ: देखो, प्रमोद, कहीं से बरफ मिले तो ले आओ, आप लोग . . .

नन्हेमल: अपना लोटा कहाँ रखा है? थैले में ही है न?

बाबूलाल: बिस्तर में होगा, चाचा, निकालूँ क्या? और तो और बिस्तर भी पसीने से भींग गया, चाचा, मैं तो पहले नहाऊँगा, फिर जो होगा देखा जायेगा, हाँ नहीं तो! मुझे नहीं मालूम था यहाँ इतनी गर्मी है।

नन्हेमल: देखते जाओ। हाँ साहब।

विश्वनाथ: क्षमा कीजिएगा, आप कहाँ से पधारे हैं?

नन्हेमल: अरे, आप नहीं जानते? वह लाला संपतराम हैं न गोटे वाले, वह मेरे चचेरे भाई हैं, क्या बताएँ साहब, उन बेचारों का कारोबार सब चौपट हो गया, हम लोगों के देखते-देखते वह लाखों के आदमी ख़ाक में मिल गए। बाबू, लो यह मेरी बण्डी सन्दूक में रख दो।

विश्वनाथ: कौन संपतराम?

बाबूलाल: अरे, वही गोटेवाले। लाओ न, चाचा (सन्दूक खोलकर बण्डी रखते हुए) माल-मसाला तो अंटी में है न?

नन्हेमल: नहीं, जेब में है, बण्डी की जेब में है। अब डर की क्या बात है! घर ही तो है। ज़रा बीड़ी का बण्डल तो मेरी जेब से निकाल।

बाबूलाल: बीड़ी तो मेरे पास भी है, लो। ज़रा, भाई, दीयासलाई ले आना।

किरण: अभी लाया। (जाता है और लौट कर दीयासलाई देता है, दोनों बीड़ी पीते हैं)

विश्वनाथ: मैं संपतराम को नहीं जानता।

नन्हेमल: संपतराम को जानने की . . . क्यों, वह तो आप से मिले हैं आपकी तो वह . . .

बाबूलाल: हाँ, उन्होंने कई बार मुझ से कहा है। आपकी तो वह बहुत तारीफ़ करते हैं। पंडित जी, क्या मकान इतना ही बड़ा है?

नन्हेमल: देख नहीं रहे, इसके भी पीछे एक कमरा दिखाई देता है। पंडित जी, इसके पीछे आँगन होगा और ऊपर छत होगी? शहर में तो ऐसे ही मकान होते हैं।

किरण: (विश्वनाथ से) माँ पूछती है खाना . . .

नन्हेमल: क्यों, बाबूलाल? पंडित जी, कष्ट तो होगा, पर तुम जानो खाना तो . . .

बाबूलाल: बस, एक साग और पूरी।

नन्हेमल: वैसे तो मैं पराँठे भी खा लेता हूँ।

बाबूलाल: अरे, खाने की भली चलाई पेट ही तो भरना है। शहर में आए हैं, तो किसी को तकलीफ थोड़े ही देंगे, देखिए पंडित जी, जिसमें आपको आराम हो, हम तो रोटी भी खा लेंगे। कल फिर देखी जाएगी।

नन्हेमल: भूख कब तक नहीं लगेगी? सारा दिन तो हो गया।

बाबूलाल: नहाने का प्रबन्ध तो होगा, पंडित जी?

(प्रमोद बरफ का पानी लाता है)

नन्हेमल: हाँ भैया, ला तो ज़रा मैं तो डेढ़ लोटा पानी पीऊँगा।

बाबूलाल: उतना ही मैं।

(दोनों गटगट पानी पीते है)

किरण: (विश्वनाथ से धीरे से) फिर खाना?

विश्वनाथ: (इशारे से) ठहर जा ज़रा।

नन्हेमल: (पानी पीकर) आह अब जान में जान आई। सचमुच गर्मी में पानी ही तो जान है।

बाबूलाल: पानी भी खूब ठंडा है, वाह भैया, खुश रहो।

नन्हेमल: कितने सीधे लड़के हैं।

बाबूलाल: शहर के हैं न!

विश्वनाथ: क्षमा कीजिए, मैंने आपको . . .

दोनों: अरे पंडित जी, आप कैसी बातें करते हैं? हम तो आपके पास के हैं।

विश्वनाथ: आप कहाँ से आए हैं?

नन्हेमल: बिजनौर से।

विश्वनाथ: (आश्चर्य से) बिजनौर से! बिजनौर में तो . . .। मैं बिजनौर गया हूँ, किन्तु . . .

नन्हेमल: मैं ज़रा नहाना चाहता हूँ।

बाबूलाल: मैं भी स्नान करूँगा।

विश्वनाथ: पानी तो नल में शायद ही हो, फिर भी देख लो। प्रमोद, इन्हें नीचे नल पर ले जाओ।

बाबूलाल: तब तक खाना भी तैयार हो जाएगा।

(दोनों बाहर निकल जाते हैं, रेवती का प्रवेश)

रेवती: ये लोग कौन हैं, जान पहचान के तो मालूम नहीं पड़ते।

विश्वनाथः न जाने कौन हैं।

रेवतीः पूछ लो न?

विश्वनाथः क्या पूछ लूँ? दो-तीन बार पूछा ठीक-ठीक उत्तर ही नहीं देते।

रेवतीः मेरा तो दर्द के मारे सिर फटा जा रहा है, इधर पिछली शिकायत फिर बढ़ती जा रही है, पहले सोते-सोते हाथ पैर सुन्न हो जाते थे, अब बैठे ही बैठे सो जाते हैं।

विश्वनाथः क्या बताऊँ जीवन में तुम्हें कोई सुख न दे सका। नौकर भी नहीं टिकता है।

रेवतीः पानी जो तीन मंज़िल ऊपर चढ़ाना पड़ता है, इसीलिए भाग जाता है, और गर्मी क्या कम है! किसी को क्या ज़रूरत पड़ी जो गर्मी में भुने, यह तो हमारा ही भाग्य है कि चने की तरह भाड़ में भुनते रहते हैं।

विश्वनाथः क्या किया जाए?

रेवतीः फिर क्या खाना बनाना ही होगा? पर ये हैं कौन?

विश्वनाथः खाना तो बनाना ही पड़ेगा, कोई भी हों, जब आए हैं तो खाना ज़रूर खाएँगे, थोड़ा-सा बना लो?

रेवतीः (तुनक कर) खाना तो खिलाना ही होगा—तुम खूब

हो! भला इस तरह कैसे काम चलेगा? दर्द के मारे तो सिर फ़टा जा रहा है, फिर खाना बनाना इनके लिए और इस समय? आख़िर ये आए कहाँ से हैं?

विश्वनाथः कहते हैं बिजनौर से आए हैं।

रेवतीः (आश्चर्य से) बिजनौर! क्या बिजनौर में तुम्हारी जान-पहचान है? अपनी बिरादरी का तो काई आदमी वहाँ रहता नहीं है?

विश्वनाथः बहुत दिन हुए एक बार काम से बिजनौर गया था, पर तब से अब तो बीस साल हो गए हैं।

रेवतीः सोच लो, शायद वहाँ कोई साहित्यिक मित्र हो, उसी ने इन्हें भेजा हो।

विश्वनाथः ध्यान तो नहीं आता, फिर भी कदाचित् कोई मुझे जानता हो और उसी ने भेजा हो, किसी संपतराम का नाम बता रहे थे, मैं जानता भी नहीं।

रेवतीः बड़ी मुश्किल है, मैं खाना नहीं बनाऊँगी, पहले आत्मा फिर परमात्मा; जब शरीर ही ठीक नहीं रहता तो फिर और क्या करूँ।

विश्वनाथः क्या कहेंगे कि रात भर भूखा मारा, बाज़ार से कुछ मंगा दो न?

रेवतीः बाज़ार से क्या मुफ़्त में आ जाएगा तीन-चार रुपये

से कम में क्या इनका पेट भरेगा, पहले तुम पूछ लो, मैं बाद में खाना बनाऊँगी।

(बाबूलाल का प्रवेश, रेवती का दूसरी ओर से जाना)

बाबूलालः तबीयत, अब शान्त है, फिर भी पसीने से नहा गया हूँ। न जाने पंडित जी, आप यहाँ कैसे रहते हैं! (पंखा करता है)

विश्वनाथः आठ–नौ लाख आदमी इस शहर में रहते हैं और छः–सात आदमी इसी तरह के मकानों में रहते हैं। (ऊपर छत पर शोर मचता है) क्या बात है? कैसा झगड़ा है, प्रमोद?

प्रमोदः (आकर) उन्होंने दूसरी छत पर हाथ धो लिए, पानी फैल गया, इसीलिए वह पड़ोसी की स्त्री चिल्ला रही है। मैंने कहा, सवेरे साफ कर देंगे, इन्हें मालूम नहीं था।

विश्वनाथः तुमने क्यों नहीं बताया कि हाथ दूसरी जगह धोओ।

प्रमोदः मैं पानी पीने अपनी छत पर चला गया था। वहाँ उषा रोने लगी। उसे चुप कराया, पानी पिलाया और पंखा करता रहा।

विश्वनाथः चलो कोई बात नहीं उन से कह दो कि सवेरे साफ करा देंगे।

(नेपथ्य में—अरे बाबू मेरी धोती दे देना। मैं भी नहा लूँ)

बाबूलाल: लाया चाचा। (जाता है)

(पड़ोसी का तेज़ी से प्रवेश)

पड़ोसी: देखिए साहब, मेहमान आपके होंगे, मेरे नहीं। मैं यह नहीं बर्दाश्त कर सकता कि मेरी छत पर इस तरह गंदा पानी फैलाया जाए। सारी छत गंदी कर दी।

विश्वनाथ: वाकई गलती हो गई कल सवेरे साफ करा दूँगा।

पड़ोसी: आप से रोज़ ही गलती होती है।

विश्वनाथ: अनजान आदमी से गलती हो ही जाती है। उसे क्षमा कर देना चाहिए। कल से ऐसा नहीं होगा।

पड़ोसी: होगा क्यों नहीं रोज़ होगा। रोज़ होता है। अभी उसी दिन आपके एक और मेहमान ने पानी फैला दिया था। फिर हमारी खाट बिछा कर लेट गया था।

विश्वनाथ: मैंने समझा तो दिया था। फिर तो वह आदमी खाट पर नहीं लेटा था।

पड़ोसी: तो आपके यहाँ इतने मेहमान आते ही क्यों हैं? यदि मेहमान बुलाने हों, तो बड़ा-सा मकान लो।

विश्वनाथ: यह भी आपने खूब कहा कि इतने मेहमान क्यों

आते हैं! अरे भाई मेहमानों को क्या मैं बुलाता हूँ? ख़ैर, आज क्षमा करें, अब आगे ऐसा नहीं होगा।

पड़ोसी: कहाँ तक कोई क्षमा करे। क्षमा, क्षमा! बस एक ही बात याद कर ली है क्षमा!

(चला जाता है। दोनों अतिथि आते हैं)

दोनों: क्या बात है?

विश्वनाथ: कुछ नहीं, आप धोतियाँ छज्जे पर सुखा दें।

नन्हेमल: ले बाबू डाल तो दे, और ला, बीड़ी निकाल।

बाबूलाल: मेरी जेब से ले लो। (चला जाता है।)

नन्हेमल: सचमुच हमारी वजह से आपको बड़ा कष्ट हुआ। (बैठ कर बीड़ी सुलगाता है) भैया, ज़रा सा पानी और पिला दो। उफ, बड़ी गर्मी है। हाँ साहब, खाने में क्या देर-दार है? बात यह है कि नींद बड़े ज़ोर से आ रही है।

विश्वनाथ: देखिए, मैं आप से एक दो बातें पूछना चाहता हूँ।

दोनों: हाँ, हाँ पूछिए मालूम होता है आपने हमें पहचाना नहीं है।

विश्वनाथ: जी हाँ, बात यह है कि मैं बिजनौर गया तो अवश्य हूँ, पर बहुत दिन हो गए हैं।

नन्हेमलः तो क्या हर्ज़ है—कभी-कभी ऐसा भी हो जाता है। हम तो आपको जानते हैं। कई बार आपको देखा भी है।

बाबूलालः लाला भानामल की लड़की की शादी में आप नजीबाबाद गए थे?

नन्हेमलः अरे, दूर क्यों जाते हो। अभी पिछले साल आप मुरादाबाद गए थे?

विश्वनाथः हाँ पिछले साल मैं लखनऊ जाते हुए दो दिन के लिए जगदीश प्रसाद के पास मुरादाबाद ठहरा था।

नन्हेमलः हाँ, सेठ जगदीश प्रसाद के यहाँ हमने आपको देखा था।

बाबूलालः उनकी आटे की मिल है, क्या कहने हैं उनके—बड़े आदमी हैं। हम उन्हीं के रिश्तेदार हैं।

विश्वनाथः पर उनका तो प्रेस है?

नन्हेमलः प्रेस भी होगा। उनकी एक बड़ी मिल भी है। अब एक और गन्ने की मिल बिजनौर में खुल रही है।

बाबूलालः अगले महीने तक खुल जाएगी। हाँ भैया, पानी ले आए, लो चाचा, पहले तुम पी लो।

विश्वनाथः तो आप कोई चिट्ठी-विट्ठी लाए हैं?

दोनों: (सकपका कर) चिट्ठी, चिट्ठी तो नहीं लाए हैं।

नन्हेमल: संपतराम ने कहा था कि स्टेशन से उतर कर सीधे रेलवे रोड चले जाना। वहाँ कृष्ण गली में वह रहते हैं।

विश्वनाथ: पर कृष्ण गली तो यहाँ छः हैं। कौन-सी गली में बताया था?

नन्हेमल: छः हैं! बहुत बड़ा शहर है साहब! हमें तो यह मालूम नहीं है, शायद बताया हो। याद ही नहीं रहा।

विश्वनाथ: (खीझकर) जिसके यहाँ आपको जाना है, उसका नाम भी तो बताया होगा?

बाबूलाल: क्या नाम था चाचा?

नन्हेमल: नाम तो याद नहीं आता। ज़रा ठहरिए, सोच लूँ।

बाबूलाल: अरे चाचा, कविराज या कवि बताया था। मैं उस समय नहीं था। सामान लेने घर गया था। तुम्हीं ने रेल में बताया था।

नन्हेमल: हाँ, साहब, कविराज बताया था। आप तो बेकार शक में पड़े हैं! हम कोई चोर थोड़े ही हैं।

बाबूलाल: चोर छिपे थोड़े ही रहते हैं। पंडित जी, क्या बताएँ, हमारे घर चल कर देख लें, तो पता लगेगा कि हम भी . . .

नन्हेमलः चुप, एक बीड़ी और निकाल बाबू।

बाबूलालः यह लो!

विश्वनाथः लेकिन मैं कविराज तो नहीं हूँ।

दोनोंः (चिल्लाकर) तो कवि ही बताया होगा, साहब!

नन्हेमलः हमें याद नहीं रहा। हमें तो जो पता दिया था उसी के सहारे आ गए। नीचे आवाज़ लगाई और आप मिल गए, ऊपर चढ़ आए। पहले हमने सोचा होटल या धर्मशाला में ठहर जाएं। फिर सोचा घर के ही तो हैं चलो, घर ही चलें।

विश्वनाथः जिनके यहाँ आपको जाना था, वह काम क्या करते हैं?

नन्हेमलः काम! क्या काम बताया था बाबू?

बाबूलालः मेरे सामने तो कोई बात ही नहीं हुई मैं तो सामान लेने चला गया था। आप तो, पंडित जी, शायद वैद्य हैं?

नन्हेमलः हाँ, याद आया। बताया था वैद्य हैं।

विश्वनाथः पर मैं तो वैद्य नहीं हूँ।

प्रमोदः पिछली गली में एक कविराज वैद्य रहते हैं।

विश्वनाथः हाँ, हाँ, ठीक, कहीं आप कविराज रामलाल वैद्य के यहाँ तो नहीं आए हैं?

दोनोंः (उछल कर) अरे हाँ, वही तो कविराज रामलाल।

विश्वनाथः शायद वह उधर के हैं भी।

नन्हेमलः ठीक है, साहब, ठीक है। वही हैं। मैं भी सोच रहा था कि आप न संपतराम को जानते हैं, न जगदीश को, (प्रमोद से) कहाँ है उन कविराज का घर?

विश्वनाथः जाओ, इन्हें उनका मकान बता दो। मैं भीतर हो आऊँ।

दोनोंः चलो, जल्दी चलो भैया, अच्छा साहब, राम-राम।

विश्वनाथः (भीतर से ही) राम-राम!

(सब चले जाते हैं) कुछ देर बाद विश्वनाथ का पत्नी सहित प्रवेश।)

रेवतीः अब जान में जान आई। हाय, सिर फटा जा रहा है।

(नीचे से आवाज़ आती है)

(नेपथ्य में—भले आदमी, न जाने कहाँ मकान लिये हैं—ढूँढते-ढूँढते आधी रात होने को आई है।)

रेवतीः फिर, फिर अरे (प्रसन्न होकर) अरे भैया है! आओ, आओ, तुमने तो ख़बर भी न दी।

आगन्तुकः रेवती! (दोनों मिलते हैं। विश्वनाथ से) पिछले चार घण्टे से बराबर मकान खोज रहा हूँ। क्या मेरा तार नहीं मिला?

विश्वनाथः नहीं तो, कब तार दिया था?

आगन्तुकः कल ही तो झाँसी से दिया था। सोचता था कि ठीक समय पर मिल जाएगा। ओह, बड़ी परेशानी हुई।

रेवतीः लो, कपड़े उतार डालो। पंखा करती हूँ। अरे प्रमोद, जा जल्दी से बरफ तो ला। मामा जी को ठंडा पानी पिला। और देख, नुक्कड़ पर हलवाई की दुकान खुली हो तो . . .

आगन्तुकः भाई बहुत बड़ा शहर है। वह तो कहो, मैं भी ढूँढ कर ही रहा, नहीं तो न जाने कहाँ होटल या धर्मशाला में रहना पड़ता। बड़ी गर्मी है। मैं ज़रा बाथरूम जाना चाहता हूँ।

विश्वनाथः हाँ, हाँ अवश्य। सामने चले जाइए।

आगन्तुकः एक बार तो जी में आया कि सामने होटल में ठहर जाऊँ शायद रात को आप लोगों को कोई कष्ट हो।

रेवतीः ऐसा क्यों सोचते हैं आप! कष्ट काहे का! यह तो हम

लोगों का कर्त्तव्य था। अच्छा, तुम तैयार हो, मैं खाना बनाती हूँ।

आगन्तुक: भई देखो, इस समय खाना-वाना रहने दो। मैं पानी पीकर सो जाऊँगा। वैसे मुझे भूख भी नहीं है।

रेवती: (जाती हुई, लौटकर) कैसी बातें करते हो भैया! मैं अभी खाना बनाती हूँ।

आगन्तुक: इतनी गर्मी में! रहने दो न।

विश्वनाथ: तुम बाथरूम तो जाओ। (आगन्तुक जाता है। रेवती से) कहो, अब?

रेवती: अब क्या, मैं खाना बनाऊँगी। भैया भूखे नहीं सो सकते।

विश्वनाथ: (हँसकर) हाँ, ऐसा न हुआ तो कदाचित् और . . . सिर का दर्द . . .

रेवती: यहाँ कर्त्तव्य के साथ प्रेम है।

विश्वनाथ: दिखावा भी।

रेवती: वह भी, किन्तु अपनत्व तो है ही। तुम मिठाई मंगवाओ, मैं पूरियाँ तले देती हूँ। (छत की तरफ) सन्तोष! सन्तोष उठ तो सही। देख, मामा जी आए हैं। जल्दी आ। (गाती है) आज मेरे घर आए भैया. . . .

Glossary

कौन होगा Phrase	who might it be, who is it?
न जाने Phrase	who knows, no one knows
हे Interj	Exl 'oh', usually connoting surprise or astonishment and is usually used with भगवान, राम
भगवान M	God, the supreme being
मुसीबत F	trouble, disaster, calamity
खिसकाना Tr	to pull, to drag, to draw
अतिथि M	guest
पंखा M	fan
पंखा करना Tr	to fan somebody
वैसे Adv	in the same way, similarly, like that
वैसे ही Adv	exactly in the same manner
पसीना M	perspiration, sweat
पोंछना Tr	to wipe, to dry, to rub
हवा F	air, wind
हवा करना Tr	to fan, to ventilate (with something)

पैदल Adj-adv	walking, on foot
निचोड़ना Tr	to wring, to squeeze, to press
लोटा F	a small round pot usually made of brass, copper or some metal, used for carrying or storing water
चर्राना Int	to tear, to break apart, to smart; also (tr) to tear, to break
नकद Adj	cash, in hard currency, in real money
मक्कार Adj	cunning, deceitful
कुरता M	tunic-like piece of clothing worn above the waist by men
गज़ M	measurement of thirty-six inches; also a yard
मलमल F	muslin, fine linen
मोल M	price, cost, value
मोल लेना Tr	to purchase, to buy
बिस्तर M	bedding, bed; also, any portable sleeping equipment

भीगना Int	to be wet, to be drenched
पधारना Int	to proceed, to move forth, used for polite and formal occasions
सोना M	gold
गोटा M	gold embroidered tape, gold embroidery
गोटे वाले M	seller of gold embroidered tapes
चचेरे भाई M	cousin from a paternal uncle
कारोबार M	business, transactions, work, labor
चौपट Adj	ruined, destroyed, spoiled
ख़ाक में मिलना Int	(idiom) to be ruined, to be destroyed; lit. to turn into dust, to mingle with the dust
ख़ाक F	nothing at all, nothing whatever, rubbing, lit. dust, ashes
सन्दूक M	box, chest, trunk
बण्डी F	a sleeveless jacket, waist coat

माल-मसाला Idiom	important possessions, things of value, important things
माल M	goods, things, stuff, cargo
मसाला M	a mixture; a spice combination
अँटी F	knot used on a pocket; also, spool, reel
बीड़ी F	an indigenous form of tobacco similar to a cigarette but distinctly different because of its smaller conical shape, leaf wrapping and inferior tobacco
दीयासलाई F	a match
आँगन M	inner courtyard
छत F	roof; also, ceiling
कष्ट M	trouble, difficulty, hardship, distress
साग M	greens, green leafy vegetables like spinach
पूरी F	thin cake of grain

	flour, deep fried in oil or ghee
पराँठा M	thin layer cake of grain flour, fried in oil or ghee, but not deep fried
भली चलाना Tr	a good thing to broach or mention; may be used sarcastically
आराम M	ease, comfort, rest
रोटी F	unleavened bread
प्रबन्ध M	arrangement, preparation, compostion
गटगट Adv	the sound of a liquid pouring down a throat; conveys impulsive action
इशारे से M	a hint or suggestion through a body gesture
इशारा M	a hint
आह Exl	'ah', a sigh of contentment or distress distinguished by the intonation
जान F	life, spirit, vitality

जान में जान Idiom	to be revived, to come alive again; lit. for life to return into the life
सचमुच Adv	truly, actually
वाह Exl	'bravo', 'well done', 'execellent'
अरे Exl	'oh, gosh', used mostly with or alone, connotes a wide variety of emotions. Here it is surprise, disappointment, annoyance
नल M	pipe, tube, faucet
प्रवेश M	entrance, access, admittance
जान पहचान F	acquaintance, familiarity, generally used for humans because it implies reciprocity
फटना Int	to split, to burst, to explode
शिकायत F	ailment, sickness; also, complaint, acusation
सुन्न Adj	benumbed, lifeless,

	for a limb to go to sleep
टिकना Int	to stay around, to stick around; also, for something to stand rested against something
मंज़िल F	a storey or floor of a house; also, a holding place or a destination in a journey
भूनना Int	to roast, to become scorched, to be parched
भाग्य M	fate, luck, fortune, lot
चना M	gram or chick pea
भाड़ M	open fireplace for parching grain, oven generally has an unpleasant connotation when not used literally
पर Conj	but, however
तनकना Intr	to grumble, to be cold, mildly contrary, to be adverse

बिरादरी F	kinfolk, relatives, community
साहित्यिक Adj	literary
मित्र M	friend, comrade, companion
कदाचित् Adv	perhaps, possible, maybe
आत्मा F	the self's soul, self, one's own psyche, soul
परमात्मा M	the supreme spirit, the oversoul
शरीर M	body
भूखा Adj	famished, hungry, starving
भूखा मारना Int	to be famished, to starve, to be ravenous
मुफ्त M	freeness, requiring no expenditure
मुफ्त Adj	gratis, without expense, without payment
मुफ्त में Adv	without proper payment or without proper reason
पेट M	stomach, belly
पेट भरना Intr	to fill the belly, to be satisfied

तबीयत F	disposition, mind, temperament; also, physical condition as in illness
शोर M	noise, clamor, uproar, tumult
शोर मचना Intr	a clamor to arise, a noise to spring up
झगड़ा M	quarreling, squabble, dispute
फैलना Intr	to be scattered, to fall about, to be extended, to stretch
पड़ोसी M	neighbor
चिल्लाना Intr	to squeal, to yell, to cry out, to shriek
नेपथ्य में M	behind the scenes, in the backyard
बर्दाश्त F	endurance, patience, forbearance, tolerance
बर्दाश्त करना Tr	to tolerate, to be patient, to suffer through
वाकई Adv	actually, in truth
गलती F	mistake, error, slip
अनजान Adv	ignorant, unfamiliar, unsuspecting
खाट F	cot, bed frame

बिछाना Tr	to lay out a bed, to spread out a rug or carpet
लेटना Intr	to lie down, to rest, to repose, to recline
छज्जा M	the projecting caves of a house
सुखाना Tr	to dry, air, or drain something
सुलगाना Tr	to light, to ignite, to burn
उफ Exl	'gosh', 'darn', 'heck'
हर्ज़ M	pain, problem, inconvenience
आटा M	flour, whole wheat flour
रिश्तेदार M	relation, relative, kinsman
प्रेस M	press
गन्ना M	sugar cane
खुलना Intr	to open, to be cleared
उतरना Intr	to get down, to descend, to alight
बेकार Adj	ineffectual, invalid, useless, unemployed
शक M	scepticism, doubt, incredulity; also, suspition

सहारा M	support, assistance, aid, dependence
धर्मशाला F	a house or inn where religious pilgrims generally stay free of charge
वैद्य M	ayurvedic doctor, a doctor trained in the traditional Indian medical system
उछलना Intr	to jump, to leap up, to start up
सहित PP	with, along with
ढूँढना Tr	to search for someone/thing
प्रसन्न Adj	pleased, satisfied, delighted, happy
तार M	telegram, cable; also, wire, string, cord
ओह Exl	'oh, gosh'
परेशानी F	confusion, trouble, misery, distress, harrassment
नुक्कड़ M	corner, bend in a road
हलवाई M	one who makes confections or sweet-meats, i.e. confectioner

कर्त्तव्य M	duty, moral obligation
दिखावा M	ostentation, pomp
अपनत्व M	feeling of closeness, intimacy, oneness
मँगवाना Tr	to cause to be sent for, to cause to be asked for
तलना Tr	to deep fry in oil or ghee

Grammar and Exercises

I. Idioms and Expressions

The following phrases occuring in this text are commonly used as conversational strategies:

1. क्या कहें/क्या बतायें?

   'What can I/anyone say ?'

Used to express dissatisfaction with a situation

2. गला सूखा जा रहा है।

   'My throat is getting parched.'

Generally used to suggest a drink of water or alcohol.

3. मन/जी करता है (होता है) कि . . .

This is a complex verb with करना or होना that takes a sentence complement in the subjunctive.

जी करता है (कि) यहीं सो जायें।
I feel like sleeping here. (lit. I feel that I sleep here)

मन करता है कि मैडिसन में रह जाऊँ।
I feel like staying on in Madison.

4. और तो और
A very common expression to express an additional, more telling point in support of one's contention. Possible translations: 'besides other considerations, ignoring other things for the moment, moreover', etc.

और तो और इस मौसम में मेरे पास गर्म कपड़े भी नहीं हैं।
Apart from other considerations, I don't have enough warm clothes to make a trip either.

5. फिर जो होगा देखा जायेगा।
Whatever happens happens.
A statement to express resignation, and sometimes mild bravado, in regard to the outcome of a situation or an action.

मैं बहुत थका हूँ, सो जाता हूँ। फिर जो होगा देखा जायेगा।
I am very tired. I am going to sleep. We will see what happens then (we will deal with the situation as it arises, we will worry about it later).

6. हाँ नहीं तो

An expression of indignation which almost seeks to coerce the listener to agree, or to tell him off.

इतनी गर्मी में नहीं रह सकता। पंखा चलाओ, हाँ नहीं तो।
I can't live in this heat. Turn the fan on please.

7. देखते-देखते

It is an adverbial construction in the reduplicated -ते form of the verb. It can be used with any verb to mean that something happened in the process of an action.

आते-आते देर हो गई।
It became late by the time I arrived.

With the verb देखना (देखते-देखते) it idiomatically means in no time, while one looked on.

देखते-देखते उनका सब कारोबार चौपट हो गया।
In no time his entire business collapsed.

8. लाओ न

'Oh, do bring it!'

The negative form न used in the imperative is a solicitious expression to persuade someone to do something.

9. जान में जान आना

'to feel revived'

It is an idiomatic expression to mean a feeling of relief.

बीयर पी कर इस गर्मी में जान में जान आ गई।

I feel revived after having a beer in this kind of hot weather.

10. शायद ही हो

'Hardly seems possible'

In this expression with शायद one can use any verb but it must be in the subjunctive.

वह शाम को शायद ही आये।

It seems hardly possible that he would come in the evening.

आज क्लास शायद ही हो।

There may not be a class meeting today.

11. के मारे

It is a postposition which means 'as a result of' and always simplies a rather excessive cause. It expresses strong reaction, generally negative, to the result.

ठण्ड/गर्मी/डर के मारे

as a result of excessive cold/ heat/ fear

12. बैठे-बैठे

With intransitive passive verbs like बैठना, लेटना, सोना the reduplicated adverbial can also be used in the **past** participial form (besides the **present** participial बैठते-बैठते). But the intransitive past participials, e.g. सोये-सोये, लेटे-लेटे, बैठे-बैठे indicate a state rather than an action.

13. सिर में दर्द होना

An expression of mild disgust and boredom, similar to the English 'It gives me a headache'.

14. गर्मी क्या कम है

This is one of the many expressions using the question word क्या to express more than usual dismay, surprise, or approbation.ठण्ड क्या कम है

Other question words with this force are कोई, कहाँ

मैं कोई धन्ना सेठ हूँ?
Do you think I am some tycoon?

मैं कहाँ आपसे बहस कर रहा हूँ?
I am not arguing with you.

This is a case of the use of a question word used to question a statement and emphasize that the opposite is true.

थोड़े ही
An idiomatic expression used to vigorously deny an assumption.

मैं कोई चोर थोड़े ही हूँ।
I am not a thief, am I ? I am not thief.

It can be used to modify any part of speech, nouns, verbs, adverbs, etc.

वह कुछ <u>करेगा</u> थोड़े ही।
He is not going to do anything. Is he ?

कोई मैं घर में थोड़े ही बैठा रहता हूँ।
I don't sit around <u>at home</u>, do I?

16. फिर देखी जायेगी
This is an expression of resignation similar to जो होगा सो होगा। Literally, it means 'we'll see what happens', or 'we will worry about it when we get to that point.'

17. क्या कहने हैं उनके (बड़े आदमी हैं)
'What can one say about him, or what is there to say about him, or not enough can be said about him', etc.

As can be seen from the above meanings, it is an expression of general approbation as in English

'What a man, 'What a sight', etc. (In the same way, it can be used sarcastically also.)

The construction is X-के क्या कहने (हैं), with variations in word order. It hardly ever occurs in any tense/ mode other than the present and the past.

उनकी ठाठ-बाट के क्या कहने थे!
What a grand living he had!
In the present हैं can be dropped optionally.

18. घर के ही तो हैं
'He is from home, isn't he?' (i.e. he is one of us, he is like a member of the family).

This idiomatic expression has the expression X-का ही तो होना in which X is generally a place word or name.

19. आधी रात होने को आई है।
'It is getting to be midnight.'

This expression uses various kinds of time nouns.

दिन होने को आया।
It is getting to be dawn.

शाम/रात होने को आई।
It is getting to be dark.

Notice that this expression is generally used in the past.

20. मैं भी ढूँढ कर ही रहा।

'I didnt rest until I found it/him.'

The expression literally means 'I remained (stayed/ rested) only after having done / accomplished something.'

The construction here is V -कर ही रहना
In fact there is only one other verb मानना that can be used in place of रहना in this expression and meaning.

The expression with मानना generally connotes overdoing something or accomplishing something which may not be all good.

आप यह काम बिगाड़ कर ही माने।
You were satisfied only after having spoiled the thing.

वह खाकर ही माना।
He didn't rest / wasn't satisfied until he ate it (up).

In this there is almost a touch of disapproval expressed by the speaker.

II. Exercises

Choose the appropriate item to represent the meaning of the English sentence in each case (sometimes there may be more than one):

1. You never listen to anybody.
a. आप किसी को नहीं सुनते।
b. आप किसी की नहीं सुनते।

2. I managed to spend the night somehow.
a. मैंने जैसे-तैसे रात काटी।
b. मैंने ऐसे-वैसे रात काटी।

3. To turn the fan on.
a. पंखा शुरू करना।
b. पंखा चलाना
c. पंखा ऊपर करना।

4. I turned the fan down.
a. पंखा कम किया।
b. पंखा नीचे किया।
c. पंखा धीरे किया।

5. The cloth was selling at Nattharam.
a. कपड़ा बेच रहा था।
b. कपड़ा बिक रहा था।

6. The cloth was selling at Nattharam.
a. नत्थाराम के पास।
b. नत्थाराम के यहाँ।
c. नत्थाराम के पर।

7. You have this bad habit.
a. आपको यह बुरी आदत है।
b. आपके पास बुरी आदत है।
c. आपकी यह बुरी आदत है।

8. You are insisting uselessly.
a. आप बेकार ज़िद कर रहे हैं।
b. आप बेकार शोर मचा रहे हैं।

9. Is he acquainted with you?
a. वह आपकी जान पहचान का है।
b. उसको आप जानते हैं।

10. I can't tolerate this.
a. मैं यह बर्दाश्त नहीं कर सकता।
b. मैं यह पहचान नहीं सकता।
c. मैं यह सह नहीं सकता।

III. Translation

A. हिन्दी में अनुवाद कीजिये

1. I don't remember his name.

2. Somebody knocks at the door.
3. The children are going down the stairs.
4. He lights his bidi (बीड़ी).
5. He wipes his sweat.
6. I feel like drinking lemonade.
7. I want to take a shower.
8. I was talking of your welfare.
9. I gave you a lot of trouble.
10. I kept fanning him.

B. अंग्रेज़ी में अनुवाद कीजिये

a. लड़की घबरा कर बोली, "जल्दी घर चलिये। बच्चा सो रहा है, कहीं खाट से गिर न जाये। बच्चे को दूध पिलाना है। मैं तो पहले घर जाऊँगी, फिर जो होगा देखा जायेगा। जी करता है कि गाड़ी बहुत तेज़ चलाऊँ। पर इतनी भीड़ में गाड़ी तेज नहीं चला सकती।"

b. देखते-देखते मैडिसन (Madison) शहर से काफी विद्यार्थी चले गये। गर्मी का मौसम था। मैं शहर में ही रहा। गर्मी के मारे मेरे सिर में दर्द हो जाता था। गर्मी भी क्या कम थी। मैडिसन छोटा शहर है फिर भी बहुत सुंदर है ख़ास कर गर्मियों में। लोग यहाँ की झीलों (lakes) की बहुत तारीफ करते हैं। मैं रोज़ झील के किनारे पैदल चलता हूँ। मैडिसन में कोई भी जान-पहचान का नहीं है इसलिये मैं अकेले (alone) ही घूमता हूँ।

समाचार पत्र और पत्रिकाओं से

जनसत्ता

प्रभात नई दिल्ली : मंगलवार, १ जनवरी १९८४   ६० पैसे

राजीव की असली परीक्षा अब शुरू होगी

हांगकांग, ३१ दिसम्बर (एपी, रायटर)

हांगकांग से प्रकाशित होने वाले अंग्रेजी दैनिक *साऊथ चाइना मार्निंग पोस्ट* ने भारत के आम चुनावों पर अपने सम्पादकीय में लिखा है—राजीव गांधी के नेतृत्व में 'इंका' को अभूतपूर्व विजय मिली है लेकिन अब उनकी परीक्षा इस बात से होगी कि वह किस ढंग का मंत्रिमंडल गठित करते हैं और पंजाब संकट के बारे में क्या नीति अपनाते हैं।

अखबार ने अपने सम्पादकीय में लिखा है कि श्री गांधी प्रशासन को अधिक सुचारू रूप से चलाने और अनियमितताओं पर क़ाबू पाने के लिए प्रशासन में फेरबदल कर सकते हैं। अख़बार लिखता है—अब देखना है कि श्री गांधी सिख समुदाय का विश्वास कैसे हासिल करते हैं।

हाल के चुनावों में प्रतिपक्ष के धराशायी हो जाने पर अख़बार ने टिप्पणी की है कि इसके लिए वे खुद ही जिम्मेवार हैं और इसकी असली वजह यह है कि वे 'संयुक्त मोर्चा' ने बना सके और न ही एक नेता पर सहमत हो सके।

फ्रांस के राष्ट्रपति फ्रांकवा मित्तरां ने श्री गांधी को उनकी भारी जीत पर बधाई भेजी हैं। मित्तरां ने अपने बधाई संदेश में कहा है कि भारतीय लोगों ने श्री गांधी की दिवंगत मां श्रीमती इंदिरा

गांधी के राजनीतिक व आध्यात्मिक संदेश के प्रति अपनी पूरी आस्था ज़ाहिर की है। क्यूबा के राष्ट्रपति फ़िडेल कास्त्रो ने भी प्रधान मंत्री राजीव गांधी को उनकी पार्टी द्वारा पिछले हफ़्ते लोकसभा चुनाव में विपक्ष को सफाया करने पर बधाई दी है।

Glossary

प्रकाशित A	published
दैनिक A	daily newspaper
आम A	general
चुनाव M	election
सम्पादकीय M	editorial
नेतृत्व M	leadership
'इंका'	acronym for Indira Congress party
अभूतपूर्व A	unprecedented, that which never existed or happened before
विजय F	victory
मंत्रिमंडल M	ministry
गठित A	built, structured
संकट M	crisis
प्रशासन M	administration
सुचारू A	properly ordered, regular
अनियमित A	irregular
समुदाय A	community, group (of people)
प्रतिपक्ष M	opposition

धराशायी होना Intr	to fall to ground, to be defeated
ज़िम्मेवार A	to be responsible
संयुक्त मोर्चा M	united front
सहमत होना V intr	to agree
राष्ट्रपति M	President (of a nation)
संदेश M	message
दिवंगत A	deceased
राजनीतिक A	political
व	and
आध्यात्मिक A	spiritual
आस्था F	faith
प्रधान मंत्री M	Prime Minister
लोकसभा F	House of the People (the lower house of the Indian Parliament)
विपक्ष M	opposition
सफाया करना	to destroy

Grammar and Exercises

I. Transitive and Intransitive Verbs in Hindi

Hindi has related but different forms of the verb for transitive and intransitive use. (Usually in English the two uses have the same form of the verb.)

पकाना Tr to cook something
पकना Intr for something to cook

I am cooking the meal.
मैं खाना <u>पका</u> रही हूँ।

The meal is cooking
खाना <u>पक</u> रहा है।

Examples of such pairs are

बनना Intr
बनाना Tr
खुलना Intr
खोलना Tr
बिकना Intr
बेचना Tr

Depending on the nature of the intransitive verb, its transitive counterpart can also be a <u>causative</u> verb: दौड़ना 'to run' and दौड़ाना 'to make someone run.'

सोना	to sleep
सुलाना	to make someone sleep
हँसना	to laugh
हँसाना	to make someone laugh
रोना	to cry
रुलाना	to make someone cry

There are causative counterparts of transitive verbs also. For example,

खाना	to eat
खिलाना	to have someone eat something, to feed
पीना	to drink
पिलाना	to have someone drink something
देखना	to see
दिखाना	to show
पढ़ना	to read, to study
पढ़ाना	to have someone read something, to teach

In addition, all verbs have a special causative which implies a second agent. The stems of these causative verbs generally have a suffix -वा; in them.

खिलाना	to have someone eat,
खिलवाना	to have someone have someone eat, to have someone fed by someone

मैंने बच्चे को खिलाया।
I fed the child.

मैंने नौकर से बच्चे को खिलवाया।
I had the child fed by the servant.
or, I had the servant feed the child.

Note above that the second agent takes the postposition से as in नौकर से। The following are examples of sets of intransitive, transitive, and causative verbs:

सोना	to sleep
सुलाना	to put someone to bed
सुलवाना	to have someone put someone to bed
पीना	to drink something
पिलाना	to have someone drink something
पिलवाना	to have someone have something to drink

II. Translate the following

1. a. He opened the door.
   b. The door opened.

2. a. The shopkeeper sells those things.
   b. Those things are selling well.

3. a. My mother is cooking apples.
   b. The apples are cooking.

4. a. I study Urdu.
   b. He teaches Urdu.

5. a. I am drinking coffee.
   b. He is having me drink coffee.

III. Transitive and Intransitive in Conjunct Verbs

As has been explained in earlier lessons, Hindi has a system of two-word verbs which are called conjunct verbs. The first word is a noun or an adjective and the second word is an appropriate verb. करना is the verb most commonly used in these verbs. Conjuct verbs in करना are transitive and have their intransitive counterparts in होना।

In this kind of conjunct verbs the noun occurring with होना acts as the <u>subject</u> of the verb होना and the noun occurring with करना acts as the <u>object</u> of करना and they agree in number and gender accordingly.

(1) a. मैं आपकी मदद (F) करूँगा।
I will help you.

b. आपकी मदद (F) होगी।
Help would be rendered to you.
You will be helped.

(2) a. मैं सफर का इंतज़ाम (M) कर रहा हूँ।
I am making arrangements for travel.

b. सफर का इंतज़ाम हो रहा है।
Arrangements for the travel are being made.

IV. Fill in the blanks: Use होना, करना, and translate the sentences

1. राजीव गांधी मंत्रिमंडल गठित ------------ के बाद विदेश चले गये। (करना, होना)

2. श्री गांधी को सिख समुदाय का विश्वास कैसे हासिल ------------? (करना, होना)

3. राजीव गांधी अपने प्रतिपक्ष को धराशायी ------------ विजयी (victorious) हुए। (करना, होना)

4. आशा है आगे भी राजीव गांधी प्रतिपक्ष को धराशायी ------------। (धराशायी करना, धराशायी होना)

5. इस विजय से राजीव गांधी के प्रति लोगों की आस्था ज़ाहिर ------------ है। (करना, होना)

6. लोकसभा चुनाव में विपक्ष का सफाया ------------ गया। (करना, होना)

V. Participial Modifier of Nouns

Participles, both past and present, are used to modify nouns. For example,

फटी (हुई) किताब torn book
बहता (हुआ) पानी running water

In addition, Hindi has a third kind of participle which has the meaning of a future (participle) or the habitual (participle). Its form is V -ने वाला (or वाली or वाले depending on number-gender agreement). For example,

दिल्ली जाने वाले लोग
People who go to Delhi
(or, people who are going to Delhi)

दिल्ली जाने वाली गाड़ी
The train which goes to Delhi,
or, The train which will go to Delhi

Generally English has to use a whole relative clause to express such meanings. For example,

गाँव में रहने वाले लोग
People who live in villages

हांगकांग से प्रकाशित होने वाले अंग्रेज़ी दैनिक
The English dailies which are published from Hong Kong

In general, long participial phrases to modify a noun are very common in Hindi and are even more common than the use of a full relative clause.

कल सुबह बनारस से आये हुए आम
The mangoes which arrived from Banares yesterday in the morning

VI. Participials as Adverbials

Participials are also used as adverbials in Hindi. For example,

मुझे अपने दोस्त से मिले हुए बहुत दिन हो गये।
It has been a long time since I met my friend.

As can be seen, Hindi can use a participial phrase where a whole clause may be needed in English.

मेरे वहाँ पहुँचते ही वह चला गया।
He left as soon as I arrived.

VII. Translate the following sentences into Hindi using participial phrases for items expressed by clauses in English

1. Ships that come from Europe stop in Bombay.
2. Guests who arrived from abroad last night are staying in a hotel.
3. People who tell lies have to suffer (दु:ख उठाना).
4. Students who study hard do well in exams.
5. A girl who sings Hindi songs ought to know some Hindi.

VIII. Combine the two sentences in the following items by using the होनेवाला construction

1. मैडिसन में गर्मियों में भारत-बाज़ार होता है।
   वह इस बार नहीं होगा।

2. यह पत्रिका मैडिसन से प्रकाशित होती है।
   यह एक मासिक पत्रिका है।

3. यह समाचार हिन्दी में सम्पादित होता है।
   यह हिन्दी में अकेला समाचार पत्र है।

4. इंदिरा गांधी के बाद यह मंत्रिमंडल गठित हुआ है।
   यह ऐसा पहला मंत्रिमंडल है।

IX. Numerous adjectivals in Hindi are made by using the suffixes -ईय, -त (or -इत) -क (or -इक). This applies to literary and Sanskritized words and not to the common colloquial words. For example

संपादक -- संपादकीय	editor -- editorial
भारत -- भारतीय	India -- Indian
गठन -- गठित	structure -- structured
संपादन -- संपादित	editing -- edited
प्रकाशन -- प्रकाशित	publishing -- published

राजनीति -- राजनीतिक (राजनैतिक)	politics -- political
समय -- सामयिक	time -- timely
लोक -- लौकिक	world -- worldly
देह -- दैहिक	body -- physical
दिन -- दैनिक	day -- daily

X. Fill in the blanks by using the appropriate choice from the parentheses

1. उस दैनिक के ----------- श्री टंडन जी ने सिखों के बारे में यह बात बतायी। (संपादक, संपादकीय)
2. श्री गांधी ने ----------- के बारे में यह बात बतायी। (राजनीति, राजनीतिक)
3. ----------- के लोग श्रीमती इंदिरा गांधी पर विश्वास रखते थे। (भारत, भारतीय)
4. राजीव गांधी के नये ----------- में भारत बहुत उन्नति कर रहा है। (नेता, नेतृत्व)
5. प्रधान मंत्री ने नई नीति (policy) ----------- के बाद विपक्षियों को भी बना लिया। (अपना, अपनाना)

आक्रोश

फिल्म 'आक्रोश', गोविंद निहलानी द्वारा छायांकित एवं निर्देशित, मुख्य नायक नसीरूद्दीन शाह, मुख्य नायिका स्मिता पाटिल।

फ़िल्म *आक्रोश* के बारे में आपकी क्या राय है?

फिल्म तो अच्छी बनी है। उसका अपना एक अलग प्रभाव पड़ता है। तकनीक की दृष्टि से भी फिल्म अच्छी है। अक्सर ऐसा होता है तकनीक और विषय-वस्तु में सामंजस्य नहीं हो पाता। *आक्रोश* में तकनीक ने विषय-वस्तु के साथ न्याय किया है। गोविंद (निहलानी) का छायांकन बहुत बढ़िया है। अक्सर ऐसा होता है कि छायांकन बहुत बढ़िया है पर वह विषय-वस्तु के साथ न्याय नहीं करता। *आक्रोश* के छायांकन में प्रमाणिकता है। अदालत वाले दृश्य बहुत ही अच्छे हैं। शुद्ध समीक्षकीय दृष्टि से फिल्म में कमियाँ हो सकती हैं। होंगी भी लेकिन, उसे ढूँढने का काम समीक्षकों का है।

Glossary

आक्रोश	name of a movie; lit. wrath; free translation, cry of the wounded
छायांकित A	photographed
एवं	and
निर्देशित A	directed
नायक M	hero, main male character

नायिका F	heroine, main female character
राय F	opinion
प्रभाव M	effect, influence
तकनीक M	technique
विषय-वस्तु F	theme
सामंजस्य M	harmony
न्याय M	justice
छायांकन M	photography
सजावटी A	decorative
प्रमाणिकता F	genuineness, authenticity
अदालत F	court of law
समीक्षकीय A	pertaining to critique or review
कमी F	shortcoming
समीक्षक M	critic, reviewer

Grammar and Exercises

I. Derivationally Related Words

Words can be related to each other by derivation from a single source.

(1) समीक्षकीय adj	related to review
समीक्षा F noun	review
समीक्षक (agent) noun	reviewer

(2) सजावटी adj — decorative
सजावट F noun — decoration
सजाना verb — to decorate

(3) घबराहट F noun — anxiety
घबराना verb — to become anxious

Note: -आवट and -आहट are productive suffixes in Hindi which make abstract nouns.These abstract nouns are always feminine.

(4) विज्ञान noun — science
वैज्ञानिक adj — scientific

(5) स्वास्थ्य noun — health
स्वस्थ adj — healthy

(6) प्रकृति noun — nature
प्राकृतिक adj — natural

(7) कुदरत noun — nature
कुदरती adj — natural

Other Derivationally related words

(1) प्रदेश noun — state
प्रादेशिक adj — related to state

(2) संस्था noun — institution/establishment
संस्थापन noun — the act of establishing
संस्थापक noun — founder

(3)	स्वीकार adjectival	acceptable
	स्वीकृति noun	acceptance
	स्वीकृत adj	accepted

The suffix –दार is a productive suffix meaning something or someone possessing or characterized by some quality or thing.

(1)	शान F noun	glory, magnificence
	शानदार adj	glorious, magnificent
(2)	जान F noun	life
	जानदार adj	living, lively
(3)	रसा M noun	gravy
	रसेदार adj	gravied, having gravy
(4)	मज़ा M noun	fun, taste, enjoyment
	मज़ेदार adj	funny, tasty, enjoyable, interesting
(5)	ज़मीन F noun	land
	ज़मींदार noun	landlord
(6)	ज़िम्मा M noun	responsibility
	ज़िम्मेदार adj	responsible, answerable

Derivationally related words with the suffix -मन्द

(1)	भरोसा M noun	dependence, confidence,
	भरोसेमंद adj	dependable

(2)	अक्ल F noun	wisdom, brain
	अक्लमंद adj	wise
(3)	फायदा M noun	advantage, use, benefit
	फायदेमंद adj	useful, beneficial

Some Derivationally related words with suffix -युक्त and -रहित

The suffixes युक्त and रहित are added generally to nouns to express presence or absence of something, respectively.

(1)	विटामिनयुक्त	full of vitamins
	विटामिनरहित	devoid of vitamins
(2)	किटाणुयुक्त	having germs
	किटाणुरहित	without germs

Adjectivals and Agentive Nouns in -क

(1)	भेद M	schism
	भेदक A/N	piercing, penetrating, one that pierces
(2)	निवारण M	redress, deterrence
	निवारक A/N	detterrant, preventive, one that prevents

II. The Passive used as an Adjectival Phrase

(1) A passive phrase in the past tense is like a phrase in the past participle and can be used adjectivally like other verbs in the past participle form.

संचित करना	active	to collect something
संचित किया जाना	passive	for something to be collected
संचित किया गया	adjectival	collected

पत्थर से बनाया गया मकान	a house made of stone
हाथ से पकायी गई रोटी	bread made by hand

(2) There is another very commonly used adjectival phrase in हुआ in the past passive construction:

बना हुआ	made
पत्थर का बना हुआ मकान	a house made of stone
देखी हुई	seen
मेरी देखी हुई मूवी	the movie seen by me
दी हुई	given
आपकी दी हुई चीज़	the thing given by you

Note that the agent in such past passive constructions (with transitive verbs) always occur with the possessive post-position का (or -रा as appropriate)

<u>आपकी</u> दी हुई चीज़	the thing given <u>by you</u>
<u>मेरी</u> देखी हुई मूवी	the movie seen <u>by me</u>

III. Adjectivals in –स्वरूप

Literally, –स्वरूप means ‘in the form of’, in the shape of’. Its extended meaning is ‘in the nature of’, ‘in the character of’.

बीजस्वरूप in the nature of a seed (which will grow here, like seed money.

Other examples are:

मीरा ने कृष्ण को पतिस्वरूप माना।
Mira treated Krishna like a husband.

मैं तो स्वयं आनंदस्वरूप हूँ।
I am myself a <u>form</u> of bliss.

इसके फलस्वरूप
‘as a result of this (lit. in the form of its fruits/result)’

Adverbial Expressions

ख़ास तौर से	in a special manner, especially
आम तौर से	in a common manner, commonly

The adverbial expression 'especially' is also expressed by ख़ास कर, विशेष कर,

यहाँ बहुत ठण्ड होती है ख़ास कर/विशेष कर जनवरी में।
It is very cold here, especially in January.

IV. Expressions used as Conversational Strategies

बात दरअसल यह है	The fact of the matter is, the real thing is, in fact
हो सकता है	It's likely, the possibility is
यानी	that is to say

V. Some Verbs in Idiomatic use

(1) बिजली ख़र्च होना: to use up electricity (ख़र्च lit. expenditure)

ख़र्च करना/होना can be used with nouns which imply quantity, such as पैसा 'money', समय 'time'

(2) रोशनी घटना: for light to lessen

The verb घटना is also used to express the meaning 'to fall short of' and thus used with nouns expressing quantity appropriately.

पैसा घट गया ran out of money
खाना घट गया ran out of food

(3) बल्ब टिकना: for the light bulb to last

The verb टिकना literally means 'to stay', 'to stay firm', 'to stand one's ground' and is used to express survival.

(4) पैसा भरना: to make necessary payment which may not be pleasant

The verb भरना literally means to 'fill.' Some of its other idiomatic usages are

मन भरना	to be satisfied, to have one's fill
पेट भरना	to have enough to eat
आँख भरना	to have wet eyes, for eyes to well up

VI. Some Additional Verbs of Cooking

तड़का देना 'to season'.
It relates to a special kind of seasoning in which spices, onions, etc., are stirred in heated grease and browned.

पूरी फूलना 'for the puris to puff'.
फूलना is 'to blossom, swell or puff'. In cooking discourse, this verb is used to express puffing up of puris, chapatis, parathas, and the like.

VII. Expressions in चाहे तो . . . या . . .

The following constructions are expressions of options.

1. चाहे (तो) या . . . Either . . . or . . .

चाहे (तो) वह सो गया है या घर के बाहर है।
Either he has gone to sleep or he has gone out.
चाहे used with a verb in the subjunctive gives the meaning 'whether this happens or that happens. . . .

चाहे वह रोये या वह गुस्सा करे मैं उसकी बात नहीं मानूँगा।
Lit. whether he whines or expresses anger, I am not going to listen to him.

2. A related expression but different from and sometimes confused with the above is

चाहें तो . . . या . . . 'Either . . . or . . . , as you like'

चाहें तो आप यहाँ आइये या मुझे बुलाइये।
Either you come here or invite me, as you like.

This is a short form of अगर आप चाहें to. . . 'If you so like then. . . .' The verb चाहें here agrees with आप and can also occur as (अगर आप) चाहिये तो . . .

If the pronoun is तुम then the verb will be चाहो
(अगर तुम) चाहो तो . . .

If the pronoun is तू, then the verb will be चाहे
(अगर तू) चाहे तो . . .

VIII. Translate into Hindi

1. Either it is very cold or it is very windy.
2. Whether you bake or boil, the result will be the same.
3. If you wish, you can have Limka (लिम्का)
4. Either drink cold लिम्का; or hot tea, as you like.
5. Either drink cold लिम्का; or hot tea, but don't drink both.

विभिन्न पत्र

I. संबंधियों और मित्रों के लिए

1. भेजने वाले का पता
   चाँदनी चौक, दिल्ली
2. दिनांक (तारीख) 20-1-2000
3. संबोधन
   (क) बराबर के लोगों या छोटों के लिए
   (for equals or younger people)
   प्रिय सुभाष
   (ख) बड़ों के लिए
   पुरुष : पूज्य या पूजनीय पिता जी
   स्त्री : पूज्या या पूजनीया माता जी
4. अभिवादन (greeting)
   नमस्ते/नमस्कार
   प्रणाम
   सादर प्रणाम
   शुभाशीष
5. अभिनिवेदन (leave taking)
   (क) बराबर के लोगों के लिए
   पुरुष : तुम्हारा शुभचिंतक (मित्र)
   स्त्री : तुम्हारी शुभचिंतक (सहेली)
   (ख) बड़ों के लिए
   पुरुष : आपका आज्ञाकारी (पुत्र)
   स्त्री : आपकी आज्ञाकारिणी (पुत्री)

(ग) छोटों के लिए

पुरुष : तुम्हारा शुभाकांक्षी (पिता)

स्त्री : तुम्हारी शुभाकांक्षिणी (माता)

II. औपचारिक पत्र (formal letters)

1. भेजने वाले का नाम पता
2. दिनांक
3. सम्बोधन
   (क) मान्य
   (ख) महोदय
   (ग) प्रिय
4. अभिनिवेदन
   (क) आपका विश्वासभाजन (faithfully)
   (ख) आपका सद्भावी (sincerely)

III. सरकारी पत्र या आदेश (government letter or application)

1. दिनांक, पत्र संख्या, स्थान का नाम
2. प्रेषक
3. सेवा में
4. विषय
5. सम्बोधन
   (क) महोदय
   (ख) मान्य
6. अभिनिवेदन
   (क) आपका विश्वासभाजन
   (ख) आपका सद्भावी

पत्र के नमूने

1. पुत्र का पिता के नाम पत्र

मैडिसन
दिनांक 10 नवम्बर 2000

पूज्य पिता जी,

सादर प्रणाम!

आपका 24 मार्च का पत्र मिला जिसे पढ़कर बड़ी प्रसन्नता हुई। पिछले दिनों पढ़ाई में अधिक काम करते रहने के कारण पत्र न लिख सका, इसके लिए क्षमा चाहता हूँ।

मैं यहाँ सकुशल हूँ और आपके आदेश के अनुसार बड़ी मेहनत कर रहा हूँ। मुझे पूरी आशा है कि इस वर्ष अच्छे अंकों से उत्तीर्ण होऊँगा।

यद्यपि मैं अधिकतर पुस्तकालय से पुस्तकें लाकर पढ़ता हूँ फिर भी कुछ पुस्तकों का खरीदना आवश्यक है। उसके लिये कृपया सौ रुपये शीघ्र भेज दें। शायद आने वाली छुट्टी में मैं घर आऊँगा।

पूज्या माता जी को मेरा सादर प्रणाम कहें और रवि और उमा को प्यार।

आपका प्रिय पुत्र
सतीश

2. मित्र के नाम मित्र का पत्र

राजेन्द्र नगर, पटना
10 नवम्बर 2000

प्रिय राजेश/मित्र

इधर बहुत दिनों से तुम्हारा कोई समाचार नहीं मिला है। आशा करता हूँ तुम कुशलपूर्वक हो और तुम्हारी पढ़ाई अच्छी तरह चल रही है।

मैंने अपने पिताजी को 4 नवम्बर तक अपना मासिक ख़र्च देने को लिखा था किन्तु वह मुझे अभी नहीं मिला है। ऐसा लगता है कि पिता जी घर पर नहीं हैं अन्यथा शीघ्र ही पैसे भेज देते। मेरा ख़्याल है कि एकाध सप्ताह तक मेरे पैसे आ सकेंगें।

मैं तुमसे अनुरोध कर रहा हूँ कि कम से कम 25 रुपये देकर मेरी सहायता करो। ज्यों ही मेरे पैसे आ जायेंगे मैं तुम्हें लौटा दूँगा। छुट्टियों में तुम्हारा क्या करने का इरादा है? यदि यहाँ आ सको तो बड़ा अच्छा हो। अमर भी आने की सोच रहा है।

अनेक धन्यवाद।

तुम्हारा
राजू

3. औपचारिक पत्र

श्री अशोक टंडन
प्रकाशक
मोतीलाल बनारसीदास प्रकाशन
नई दिल्ली

प्रिय/मान्य टंडन जी

आपका पत्र दिनांक 3 मई 2000 का मुझे मिला। मुझे प्रसन्नता हुई कि आपको मेरी पुस्तक की हस्तलिपि ठीक समय पर मिल गई। मैंने उसे समय बचाने के कारण डाक से ही भेज दिया था। मैंने उसकी एक प्रति अपने पास भी रख ली है। यदि किसी प्रकार की कठिनाई पुस्तक छापने में हो तो मुझे सूचित करें।

अनेक धन्यवाद

आपका सद्भावी
भीमसेन वर्मा

4. सरकारी पत्र

प्रेषक
शिवचरण दास
उपसचिव, भारत सरकार

सेवा में,
सभी राज्य सरकारें

नई दिल्ली
10 नवम्बर 2000

विषय : चिकित्सालयों की सूचना

महोदय,

सरकारी कर्मचारियों के लिए खोले गए अस्पतालों की सूची सभी की जानकारी के लिए भेजी जा रही है और इसके साथ ही अस्पतालों से लाभ उठाने वालों का विवरण भी दिया जा रहा है। इस विवरण से पता चलता है कि 510 चिकित्सालय खुले हैं और 12,000 रोगियों की चिकित्सा की गई है।

आपका विश्वासभाजन
शिवचरण दास

Glossary

विभिन्न A	different kinds
पत्र M	letter
संबंधी M	relative
भेजना Tr	to send
पता M	address
दिनांक/तारीख़	date
सम्बोधन	terms of address
प्रिय A	dear
पुरुष M	male
स्त्री F	female
पूज्य A	respected
पूजनीय A	respected
अभिवादन M	greeting
प्रणाम M	salutation
सादर A	respectful
शुभाशीष M	blessings
अभिनिवेदन M	leave-taking
शुभचिंतक N	well-wisher
आज्ञाकारी A	obedient
शुभाकांक्षी A	well-wisher
मान्य A	respected
महोदय M	Sir
संख्या F	number
स्थान M	place
प्रेषक M	sender
सेवा F	service

विषय M	subject
नमूना M	sample
प्रसन्नता F	happiness
पढ़ाई F	studies
क्षमा F	excuse
सकुशल A	all right
आदेश M	instruction
मेहनत F	hard work
आशा F	hope
अंक M	mark
उत्तीर्ण होना Intr	to pass a test
पुस्तकालय M	library
पुस्तक F	book
आवश्यक A	necessary
कृप्या	please
प्यार M	love.
समाचार M	news
कुशलपूर्वक	nicely, safely
मासिक A	monthly
अन्यथा	otherwise
एकाध A	one or two, a few; literally, one or one half
अनुरोध-करना Tr	to request
सहायता F	help
लौटाना Tr	to return
इरादा M	intention, idea
अनेक A	many

प्रकाशक M	publisher
प्रकाशन M	publishing company, publication
हस्तलिपि F	manuscript
डाक M	post, mail
प्रति F	copy
कठिनाई	problem, trouble
छापना Tr	to print
सूचित करना Tr	to inform
राज्य M	state
सरकार F	government
चिकित्सालय M	hospital
चिकित्सा करना Tr	to treat medically
अस्पताल M	hospital
सूची F	list
जानकारी F	knowledge
लाभ उठाना Tr	to take advantage
विवरण M	an account
रोगी M	patient

Exercises

1. Write a letter to your friend inviting him to spend the summer vacation. Let him know what things you plan to do in summer.
2. Write a letter to a publisher to whom you want to send your manuscript. Ask how much money it will cost and what time it will be published.

रवीन्द्रनाथ टैगोर

Rabindranath Thakur also popularly known as Rabindranath Tagore is one of the greatest literary figures of modern India and was the recipient of the Nobel Prize for literature in 1913. He was born in an affluent family of Bengal which was a patron of the arts, literature, music, and scholarship in general. Tagore was a prolific writer of novels, plays, poetry, and other genres..He influenced Bengali literature and indirectly Indian literature in general. He also created a whole new genre in music called 'Rabindra Sangeet' which enjoys great prestige and popularity. He was also the founder of a whole new university called Shantineketan, literally, 'Abode of Peace' whose emphasis is on the liberal arts, the fine arts and humanistic scholarship. He died in 1941 at the age of eighty.

रवीन्द्रनाथ टैगोर

कलकत्ता में एक बहुत बड़े ज़मींदार थे। उनका नाम देवेन्द्रनाथ ठाकुर था। उनके चौदहवें बच्चे का नाम रवीन्द्रनाथ था। इन्हें ही हम रवीन्द्रनाथ टैगोर कहते हैं। कुछ लोग इन्हें रवि बाबू के नाम से भी याद करते हैं। उनका जन्म 7 मई सन् 1861 को हुआ था। जन्म के कुछ दिनों बाद ही उनकी माता शारदा देवी की मृत्यु हो गई। इससे बालक रवीन्द्र के हृदय पर गहरी चोट लगी।

रवि बाबू एक धनी पिता के पुत्र थे, इसलिए उनका बचपन बड़ी सुख-सुविधा में बीता। छोटी उमर में ही उन्हें 'ओरिएण्टल सेमिनरी' में पढ़ने के लिए भेज दिया गया। किन्तु वहाँ बच्चों को उतनी आज़ादी नहीं थी, जितनी रवि बाबू खुद चाहते थे। उन्होंने इसीलिए वहाँ की पढ़ाई छोड़ दी। वहाँ से वे 'नार्मल' स्कूल में भेजे गए। यहीं पर उन्होंने अंग्रेज़ी पढ़ना शुरू किया, फिर उन्हें 'बंगाल एकेडमी' में भरती कराया गया। स्कूल के इन्हीं दिनों में उन्होंने कई कविताएँ लिखीं, जो बाद में 'वनफूल' के नाम से छपीं।

20 सितम्बर सन् 1877 को रवीन्द्रनाथ पहली बार विलायत के लिए रवाना हुए और साल भर बाद वापस लौट आए। लौटने के बाद ही उनका 'करुण' उपन्यास निकला। सन् 1881 से 1887 के बीच रवि बाबू ने बहुत कुछ लिखा। इस समय तक वे पूरे बंगाल में प्रसिद्ध हो चुके थे। जब उनकी पुस्तक 'प्रभात-संगीत' निकली तब तो बंगला साहित्य में उनका नाम आदर से लिया जाने लगा। रवीन्द्र के नाटकों में 'चित्रांगदा' और 'विसर्जन' सर्वश्रेष्ठ माने जाते हैं। 'सोनार-तरी', 'चिना', 'उर्वशी' आदि

इनकी सभी पुस्तकें अपने-अपने ढंग की अनोखी हैं। 'साधना' और 'चैताली' भी उनकी सुन्दर कविता पुस्तकें हैं। सन् 1909 में रवीन्द्र 'बंग-दर्शन' अख़बार के सम्पादक बनें।

1901 से 1907 तक उन्होंने उपन्यास लिखे। उनका 'गोरा' उपन्यास इसी समय निकला। उनकी स्त्री का देहान्त 1902 में हो गया। मन की शान्ति के लिए रवि बाबू अल्मोड़ा चले गए और वहीं पर अपनी पत्नी की याद में 'स्मरण' लिखा। इसी समय 'बंगभंग' आन्दोलन शुरू हुआ। रवि बाबू ने अंग्रेज़ी में भी लिखना शुरू किया। फल यह हुआ कि इंग्लैण्ड और अमेरिका के अख़बारों में इनकी खूब चर्चा हुई। इसी बीच इनका स्वास्थ्य काफी गिर गया और उसे सुधारने के लिए रवि बाबू तीसरी बार विदेश निकले।

इसी यात्रा के बाद आपकी प्रसिद्ध पुस्तक 'गीतांजलि' प्रकाशित हुई। अपने अंग्रेज़ मित्रों की सलाह पर आपने उसे अंग्रेज़ी में भी लिख डाला। इससे यूरोप में इस पुस्तक की विशेष चर्चा हुई और उन्हें एक लाख बीस हजार रुपए का 'नोबेल' पुरस्कार मिला। तभी से रवीन्द्र विश्व-कवि कहे जाने लगे। अब तो संसार की प्रायः सभी भाषाओं में 'गीतांजलि' का अनुवाद हो गया है।

रवि बाबू बचपन से ही एकान्त में रहना पसंद करते थे। पेड़, पौधों और फूलों के साथ ही साथ उन्हें पहाड़ियों, झरनों और झीलों से भी प्रेम था। यही कारण है कि उन्होंने 'नोबेल' पुरस्कार प्राप्त करने के बाद बोलपूर में 'शान्तिनिकेतन' नाम का एक विश्वविद्यालय खोला। इस विश्वविद्यालय में ही रवि बाबू रहते थे और भारत के प्रसिद्ध संगीतकार, चित्रकार और साहित्यकार यहाँ ढूँढ-ढूँढ कर बुलाए गए। थोड़े ही दिनों में 'शान्तिनिकेतन' साहित्य, कला और संगीत का तीर्थ बन गया। रवि बाबू स्वयं भी

अच्छे संगीतकार थे। अपने नाटकों में उन्होंने कई बार अभिनय भी किया। बंगला संगीत में रवीन्द्र-संगीत के नाम से एक नई धारा ही चल पड़ी।

देश के बड़े-बड़े नेताओं से उनका बहुत अच्छा संबंध था। गांधी जी और जवाहरलाल नेहरू तो उनका बहुत आदर करते थे। उन्होंने देश की आज़ादी के आन्दोलन में भी लोगों का साहस बढ़ाया। हमारा राष्ट्रीय-गीत 'जन-गण-मन अधिनायक' उन्हीं का लिखा हुआ है।

Glossary

मृत्यु F	death
गहरी A	deep
चोट F	blow, wound
बचपन M	childhood
सुख-सुविधा F	comfort and amenities
खुद Pro	himself
भरती करना Tr	to admit in an institution
कविता F	poetry
छपना Intr	to be published
विलायत M	England, and also the West in general
रवाना होना Intr	to set out
उपन्यास M	novel
निकलना Intr	to come out

नाटक M	play, drama
सर्वश्रेष्ठ A	best of all
अनोखा A	unique
स्त्री F	woman, wife
सम्पादक M	editor
देहान्त M	death (lit. end of body)
शांति F	peace
बंग-भंग M	partition of Bengal
आंदोलन M	movement, revolution
चर्चा होना Intr	to be mentioned
स्वास्थ्य M	health
प्रकाशित A	published
सलाह F	advice
पुरस्कार M	prize
विश्व M	world
कवि M	poet
अनुवाद M	translation
एकांत M	isolation
पेड़ M	tree
पौधा M	plant
फूल M	flower
पहाड़ी F	hill
झरना M	stream, falls
झील F	lake
प्राप्त करना Tr	to obtain
विश्वविद्यालय M	university
संगीतकार M	musician

चित्रकार M	painter, artist
कला F	art
तीर्थ M	a place of pilgrimage
अभिनय M	acting
धारा F	stream, current, flow
संबंध M	connection, relationship
साहस M	courage
राष्ट्रगीत M	national anthem
स्मरण M	remembrance, memory
गीतांजलि F	lit. song-offerings

Grammar and Exercises

I. The Modals सकना, चुकना and पाना

These three can be considered the basic modals of Hindi. They occur with the stem form of the main verb and add the modality of 'ability', 'completion', and 'opportunity', respectively. Other modal verbs as discussed in different parts of this book (such as, **लगना** 'to begin to', **रहना** 'to keep on', **पड़ना** 'to be forced to', **देना** 'to allow to', etc.) all occur with an inflected form of the main verb and not the stem form. These modals can occur in all tenses.

1. **V -सकना** adds the modality of ability.

(i) मैं उतना नहीं खा सका।
I could not eat that much.

(ii) धोबी समय पर नहीं पहुँच सकेगा।
The washerman will not be able to arrive on time.

(iii) औरतें कम दाम में साड़ियाँ ख़रीद सकीं।
The women were able to buy saris for a cheap price.

2. **V –चुकना** adds the modality of completion.

(i) लड़का हिन्दी पढ़ चुका।
The boy has finished reading Hindi.

(ii) इस समय तक रवीन्द्रनाथ प्रसिद्ध हो चुके थे।
By this time he had already become famous.

(iii) जब मैं खा चुकूँगा तब आप आइयेगा।
When I am done eating then you come.

(iv) जब वह विद्यार्थी पढ़ चुकता है तो फिर मेरी पढ़ने की बारी आती है।
When the boy finishes studying then my turn comes to read.

3. **V –पाना** adds the modality of 'to get to do something'. It is commonly used in negative sentences. The modal **पाना** has the basic meaning of having an opportunity to finish something or accomplish something. Therefore it can also occur in such non-negative sentences as the following which have an

affective expression like **तब कहीं जाकर** 'and then with quite a bit difficulty'.

मुझे नींद ही नहीं आ रही थी और मुझे नींद की गोलियाँ लेनी पड़ीं, तब कहीं जाकर मैं सो पाया।
I was not able to sleep and I had taken sleeping pills then with great difficulty I was able to sleep.

(i) लड़का उतना नहीं खा पायेगा।
The boy will not get to eat that much.

(ii) भारत जाकर वह विद्यार्थी शायद कुछ हिन्दी बोल पाए।
The student may get to (be able to) speak Hindi after he goes to India.

(iii) मैं उसे कुछ नहीं दे पाया।
I did not get to give him anything.

II. Translate the following sentences, use the modals सकना, चुकना and पाना appropriately

1. He has already read the book.
2. I will not be able to come tomorrow.
3. By this time Rabindranath had already written twenty poems.
4. He didn't get to go abroad (विदेश) again.
5. Would you be able to get to come tomorrow?
6. He will get to finish his work soon.
7. The boy had already eaten before he went to sleep.

8. It has already rained a lot this year.
9. I didn't get to go to my class on time.
10. I was able to sleep well yesterday at night.

III. Modals in various Tenses and Constructions

As pointed out before modals form a complex verb in conjunction with the main verb with which they combine and then they can occur with any tense and any construction.The following sentences provide examples of verbs with the modal लगना 'to begin to' in the passive construction.

Notice the following:

1. बंगला साहित्य में उनका नाम आदर से लिया जाने लगा।
2. तब से रवीन्द्र विश्व-कवि कहे जाने लगे।
3. उनके नाटकों का अभिनय किया जाने लगा।
4. घर-घर में उनका लिखा राष्ट्रगीत गाया जाने लगा।
5. अनेक भाषाओं में उनकी पुस्तकों का अनुवाद किया जाने लगा।

IV. Derived Agentive Nouns in -कार

By the addition of this suffix -कार Hindi derives, very productively, agentive nouns from other abstract nouns or nouns denoting skill.

साहित्य	literature	साहित्यकार	literateur
संगीत	music	संगीतकार	musician
कला	art	कलाकार	artist
नाटक	play	नाटककार	playwright
चित्र	painting	चित्रकार	painter
गीत	song	गीतकार	song writer
कहानी	story	कहानीकार	storywriter

V. Exercises

Fill in the following blanks using the contextually appropriate modal (चुकना, सकना, पाना) in the right tense:

1. मैं यह काम ख़त्म कर ----------- ।
2. कौन कह ----------- है कि वह सुंदर नहीं है।
3. देखूँ, मैं आपके यहाँ आ ----------- हूँ या नहीं?
4. हो ----------- है मैं उधर आऊँ।
5. तुम तो सुन ही ----------- हो कि आज छुट्टी है।
6. जो भी हो ----------- मैं करूँगा।
7. बात कब की ख़त्म हो ----------- ।
8. अब तो यह नहीं हो ----------- ।
9. यह तो पूरी हो ----------- से रहा।

VI. Fill in the following sentences using an appropriate modal (चुकना, सकना, पाना) in an appropriate tense

1. मैं जब तक यह काम ख़त्म न कर ----------- आप इधर नहीं आइएगा।

2. मैं सोच नहीं ----------- रहा कि इसे कैसे पूरा करूँ।
3. यह काम पूरा नहीं हो ----------- ।
4. समय बीत ----------- के बाद मुझे याद आया।
5. कौन कह ----------- है कि वह सुंदर नहीं है।
6. बात ख़त्म हो -----------, अब क्या करना है?
7. जो भी हो ----------- मैं ज़रूर करूँगा।
8. अब देखूँ, मैं भारत आ ----------- हूँ या नहीं।
9. हो ----------- है मैं उधर ही आऊँ।

VII. The following is an idiomatically authentic passage which will use modals. Fill in the blanks using appropriate modals चुकना, सकना, पाना in appropriate tense forms

दिन ढल ---------- है। मैं अंधेरे में कुछ देख नहीं ----------। मैं पढ़ तभी ---------- हूँ यदि कोई बत्ती जला दे। यह बत्ती ठीक करने का काम मुझसे नहीं हो ----------। सब कोशिश कर ---------- के बाद भी कुछ-न-कुछ कमी रह ही जाती है। हो ---------- तो आप ही मेरी मदद कर दीजिये। मैं इतना भी नहीं कर ---------- कि बाहर से किरोसिन तेल ही ख़रीद लाऊँ। बच्चों के घर छोड़ ---------- के बाद मैं अकेला रह गया हूँ। उन्हें वापस बुला भी तो नहीं ----------। कोई मेरी मदद कर भी नहीं ----------।

VIII. Translate into Hindi

1. The children did not have as much freedom as Rabindranath wanted.

2. He did not want to study in a school where there was no freedom.
3. He was sent to a 'Normal' school by his parents.
4. After he came back from England his novel came out.
5. He was the editor of a newspaper which he wanted to edit.

IX. Make sentences with the following words and translate them into English

1. उपन्यास; 2. कविता; 3. साहित्य; 4. अख़बार; 5. सम्पादक; 6. पुरस्कार; 7. आंदोलन

X. उत्तर दीजिये

1. रवि बाबू कब पैदा हुए?
2. उनकी माता शारदा देवी कब मरीं?
3. रवि बाबू के विलायत से लौटने के बाद उनका कौन सा उपन्यास निकला?
4. उन्होंने 'बंग-दर्शन' समाचार पत्र को कब संपादित किया?
5. नोबेल पुरस्कार पाने के बाद वे क्या कहलाने लगे?

बसंती हवा

The title means spring breeze and is a poem told in the first person by the breeze itself. Spring time is a highly prized season in India and is eulogized quite a bit in Hindi literary creations. The word for spring 'basant' (Sanskrit: 'vasant') and other related words such as the adjectives 'basanti' are very often used idiomatically also to indicate pleasing and enjoyable colors, sights and feelings. The beauty of this poem lies in its very simple diction, short sentences and easy flowing rhythm which almost creates the sensation of gentle breeze.

बसंती हवा

हवा हूँ, हवा मैं
बसंती हवा हूँ
सुनो बात मेरी . . .
अनोखी हवा हूँ
बड़ी बावली हूँ,
बड़ी मस्तमौला।
नहीं कुछ फिकर है,
बड़ी ही निडर हूँ।
जिधर चाहती हूँ,
उधर घूमती हूँ,
मुसाफिर अजब हूँ!

न घर-बार मेरा,
न उद्देश्य मेरा,
न इच्छा किसी की,
न आशा किसी की,
न प्रेमी, न दुश्मन,
जिधर चाहती हूँ
उधर घूमती हूँ।
हवा हूँ, हवा मैं
बसंती हवा हूँ!
जहाँ से चली मैं,

जहाँ को गई मैं—
शहर, गाँव, बस्ती
नदी, रेत, निर्जन,
हरे खेत, पोखर,
झुलाती चली मैं।
झुमाती चली मैं!
हवा हूँ, हवा मैं
बसंती हवा हूँ!
चढ़ी पेड़ महुआ,
थपाथप मचाया;
गिरी धम्म से फिर,
चढ़ी आम ऊपर,
उसे भी झकोरा,
किया कान में 'कू',
उतरकर भगी मैं,
हरे खेत पहुँची—
वहाँ, गेहुओं में
लहर खूब मारी।

हिलाया—झुलाया
गिरी पर न कलसी!
इसी हार को पा,
हिलाई न सरसों!
झुलाई न सरसों,
हवा हूँ, हवा मैं

बसंती हवा हूँ!
पहर दो पहर क्या
अनेकों पहर तक
इसी में रही मैं
खड़ी देख अलसी
लिए शीश कलसी
मुझे खूब सूझी—
मुझे देखते ही
अरहरी लजाई,
मनाया—बनाया,
न मानी, न मानी!
उसे भी न छोड़ा—
पथिक आ रहा था
उसी पर ढकेला!
हँसी ज़ोर से मैं,
हँसी सब दिशाएँ,
हँसे लहलहाते
हरे खेत सारे,
हँसी चमचमाती
भरी धूप प्यारी!
बंसती हवा मैं
हँसी सृष्टि सारी!
हवा हूँ, हवा मैं
बसंती हवा हूँ !

केदारनाथ अग्रवाल

Glossary

बसंती A	pertaining to Spring (Spring = बसंत, Skt. वसंत)
हवा F	wind, air
अनोखा A	unique
बावला A	crazy, mad
मस्तमौला A	lively, carefree
फिकर M	worry, also फिक्र
निडर A	fearless
मुसाफिर M	traveller
अजब A	strange
घर-बार M	home and hearth
उद्देश्य M	aim
इच्छा F	desire, wish
आशा F	hope
प्रेमी M	lover
दुश्मन M	enemy
बस्ती F	colony, settlement
नदी F	river
रेत F	sand
निर्जन A	lonely, uninhabited, without living beings
पोखर M	pond, tank
झुलाना Tr	to swing
चढ़ना Intr	to climb
पेड़ M	tree

महुआ M	a tree bearing sweet flowers that are used for preparing liquor
थपाथप मचाना Tr	to make a patting sound
गिरना Intr	to fall
धम्म से	with falling noise
आम M	mango
झकोरना Tr	(the air) to flow gustily (through the trees), to swing
कान M	ear
कू	cooing noise
गेहूँ M	wheat
लहर F	wave
पहर M	a measure of time, equals three hours
अनेक A	many (lit. not one)
अलसी F	linseed
शीश F	head
कलसी F	a metal pitcher
सूझना Intr	to occur, to come to one's understanding
हिलाना Tr	to shake
हार F	defeat
सरसों M	mustard
अरहरी F	a kind of lintel, or split peas, also अरहर

लजाना Intr	to feel shy, to feel shame
मनाना Tr	to persuade, to make one agreeable
छोड़ना Tr	to leave, to quit, to give up
पथिक M	traveller
ढकेलना Tr	to push
हँसना Intr	to laugh
दिशा F	direction
लहलहाना Intr	to bloom
चमचमाना Intr	to shine
भरना Intr	to fill
प्यारा A	lovable
धूप F	sunlight, sunshine
सृष्टि F	creation, the world

Grammar and Exercises

I. Idioms and Expressions

1. खूब सूझना
for something remarkable to occur to someone

2. X का क्या (कहना)
not to speak of X

दोस्तों का क्या, वह तो रिश्तेदारों को भी नहीं पहचानते।
He doesn't recognize (give much importance to) his own relatives, not to speak of his friends.

II. Rewrite in prose order the third and fourth stanzas of the poem. The following is a sample of the prose rewrite of the first stanza

मैं हवा हूँ, हवा, बसंती हवा हूँ।
मेरी बात सुनो।
(मैं) अनोखी हवा हूँ।
(मैं) बड़ी बावली, बड़ी मस्तमौला हूँ।
(मुझे) कुछ फिक्र नहीं है,
(मैं) बड़ी ही निडर हूँ। मैं जिधर चाहती हूँ उधर घूमती हूँ।
(मैं) अजब मुसाफिर हूँ।

III. Memorize a few stanzas of your choice and prepare to recite in class

IV. Answer the following questions in Hindi

1. बंसती हवा अपने को 'बावली' और 'मस्तमौला' क्यों कहती है?
2. बंसती हवा कहाँ-कहाँ बहती है?
3. 'बसंती हवा' कविता का सारांश (substance) हिन्दी में लिखिए।

अकबर और बीरबल

Birbal was one of the most famous courtiers of one of the most famous emperors of India, namely, Akbar. Akbar was the third Mughal Emperor of India and was a great patron of the arts and music. He was also very witty and Birbal was his favorite courtier with whom, it is said, he loved to match his wits. The name Birbal has thus become a byword in Hindi for wit, repartee and sharp intelligence. There are many anecdotes associated with witty exchanges between Akbar and Birbal.

अकबर और बीरबल

गधा ही

एक बार बादशाह अकबर और राजा बीरबल कहीं जा रहे थे। रास्ते में बादशाह ने देखा कि एक तम्बाकू के खेत में एक गधा चर रहा है। लेकिन वह तम्बाकू के पत्ते न खाकर इधर-उधर की घास चर रहा है।

राजा बीरबल तम्बाकू खाते थे। इसलिए बादशाह ने बीरबल पर व्यंग्य करते हुए कहा 'देखो बीरबल तम्बाकू ऐसी चीज़ है जिसे गधा भी नहीं खाता है।'

बादशाह तम्बाकू नहीं खाते थे। बीरबल ने व्यंग्य का अर्थ समझते हुए कहा, 'जी हाँ, गधा ही तम्बाकू नहीं खाता है।' बादशाह बीरबल का जवाब सुनकर झेंप गए।

अन्धों की फ़ेहरिस्त

एक बार बादशाह अकबर ने बीरबल से अंधों की फ़ेहरिस्त तैयार करने को कहा। बीरबल ने सोचा कि यह अच्छी मुसीबत आ पड़ी। घर-घर जाकर अंधों की फ़ेहरिस्त बनाना अपने आप में एक अच्छी-खासी मुसीबत थी। इसलिए उन्होंने टालने के विचार से कहा दिया, 'जहाँपनाह, मुझे तो लगभग सभी अन्धे दिखाई देते हैं। फ़ेहरिस्त क्या बनाई जाए।'

बादशाह बिगड़े, 'तुम्हारे मन में जो भी उलटा-सीधा आता है,

बक देते हो। यहाँ अच्छे भले लोग बैठे हैं और तुम सबको अन्धा बता रहे हो।'

बीरबल ने बादशाह की बात का कोई उत्तर न दिया और थोड़ी देर बाद दरबार से उठकर अपने घर चले गए। घर पहुँचकर उन्होंने थोड़ी सी मूँज मँगवाई और उसे लेकर अपने दरवाज़े पर रस्सी बटने बैठ गए। थोड़ी देर बाद उधर से मिर्ज़ा दो प्याज़ा गुज़रे। उन्होंने बीरबल को रस्सी बटते देख कर पूछा, 'कहिए राजा साहब क्या कर रहे हैं?' बीरबल ने कोई जवाब नहीं दिया। हाँ, पास में रखा एक कागज़ उठाया, उस पर कुछ लिखा और फिर उसे उसकी जगह पर रखकर फिर से रस्सी बटने में लग गए।

इसके बाद एक-एक कर सारे दरबारी उधर से गुज़रे और सभी ने यही सवाल पूछा, 'राजा साहब आप यहाँ बैठे हुए यह क्या कर रहे हैं?' लेकिन बीरबल ने किसी का उत्तर न दिया। हाँ, जब भी कोई प्रश्न करता, वह पास में रखे कागज़ को उठाते, उस पर कुछ लिखते, उसे वहीं रखते और फिर से रस्सी बटने लग जाते।

थोड़ी देर बाद स्वयं बादशाह भी उधर से गुज़रे, उन्होंने भी यही प्रश्न किया, 'यह क्या कर रहे हो बीरबल?'

प्रश्न सुनते ही बीरबल ने कागज़ उठाया, उस पर कुछ लिखा और फिर वह कागज़ बादशाह के हाथ में थमा दिया। बादशाह ने देखा कि उसमें सबसे ऊपर मिर्ज़ा दो प्याज़ा का नाम लिखा है फिर सारे दरबारियों के नाम हैं। और अंत में स्वयं बादशाह का नाम लिखा है। हैरान होकर उन्होंने पूछा, 'यह क्या है?' बीरबल ने जवाब दिया, 'अन्धों की फ़ेहरिस्त।'

'क्या मतलब' बादशाह ने झुँझलाकर पूछा।

'जहाँपनाह,' बीरबल ने कहा, 'मैं यहाँ बैठा मूँज की रस्सी बट रहा था। लेकिन, यहाँ से जो भी गुज़रा, उसने यही सवाल किया, बीरबल क्या कर रहे हो? अब आप ही बताइए कि अगर वे अन्धे न होते तो क्या मुझे रस्सी बटता देख न लेते?' बादशाह झेंपकर आगे बढ़ गए।

बीरबल की खिचड़ी

एक बार बादशाह अकबर ने घोषणा करवाई कि जो आदमी सर्दियों की रात में तालाब में खड़ा रहेगा उसे एक हज़ार अशर्फ़ियाँ पुरस्कार में दी जाएँगी। सभी लोगों ने घोषणा सुनी, लेकिन यह काम करने की हिम्मत किसी की नहीं हुई। भला सर्दियों की रात में पानी में कौन खड़ा होता और वह भी सारी रात। लेकिन एक बेचारे गरीब ब्राह्मण को अपनी लड़की की शादी करनी थी, जिसके लिए उसे पैसे की सख़्त ज़रूरत थी। इसलिए उसने घोषणा सुनते ही सीधे दरबार की राह पकड़ी।

दरबार में आकर उसने कहा, 'हुज़ूर, मैं सारी रात तालाब में खड़ा होने को तैयार हूँ।' ब्राह्मण को रात को तालाब में खड़ा कर दिया गया। बेचारा ब्राह्मण इसी आशा में कि सुबह होते ही उसे अशर्फ़ियाँ मिल जाएँगी और फिर वह अपनी बेटी की शादी धूम-धाम से कर देगा, पानी में खड़ा रहा। ठण्ड से अपना ध्यान बटाने के लिए वह महल की खिड़की में जलते दीपक की ओर देखता रहा था। जैसे-तैसे कर उसने पूरी रात काट दी और सुबह होते ही दरबार में पहुँच गया।

जब उसने अपना पुरस्कार माँगा तो बादशाह ने अपने पहरेदारों

से पूछा, 'क्या यह ब्राह्मण ठीक कह रहा है कि वह सारी रात तालाब में खड़ा रहा था?'

पहरेदारों के यह बताने पर कि वह ठीक कह रहा है, बादशाह ने ब्राह्मण से पूछा, 'तुम्हारा पुरस्कार तो तुम्हें अभी दे दिया जाएगा, लेकिन यह तो बताओ कि तुम सारी रात तालाब में खड़े कैसे रहे?'

'जहाँपनाह, ब्राह्मण बोला, 'मैं अपना ध्यान आपके महल की खिड़की पर जलते हुए दीपक पर लगाए हुए था। इसलिए मुझे ठण्ड का पता ही नहीं चला और रात बीत गई।'

'अच्छा, तो तुम हमारे महल की खिड़की पर जलते दीपक से गर्मी लेते रहे थे। जब तुमने गर्मी ले-लेकर रात काटी है तो फिर पुरस्कार किस बात का?' और यह कह कर बादशाह ने उसे बिना पुरस्कार दिए ही दरबार से लौटा दिया।

बेचारा गरीब ब्राह्मण रोता-कलपता राजा बीरबल के पास पहुँचा और उसे अपनी करुण कहानी जा सुनाई।

बीरबल समझ गये कि बादशाह अशर्फियाँ देना नहीं चाहते हैं। थोड़ी देर तो वह कुछ सोचते रहे, फिर ब्राह्मण से बोले, 'तुम जाओ, तुम्हें कल तुम्हारा पुरस्कार मिल जाएगा।'

अगली सुबह बीरबल ने एक ऊँचे से बाँस पर एक पतीली लटका दी और नीचे ज़मीन पर धीमी-धीमी आग जला दी।

उधर जब बीरबल दरबार में नहीं पहुँचे तो बादशाह ने एक सिपाही उन्हें बुलाने भेजा। सिपाही ने बीरबल से कहा, 'राजा साहब, बादशाह आप को याद कर रहे हैं।'

बीरबल ने कहा, 'तुम चलो, बादशाह सलामत से कह देना कि मैं खिचड़ी पका रहा हूँ। पकते ही खाकर दरबार में पहुँच जाऊँगा।' सिपाही ने बादशाह से जाकर यही कह दिया। लेकिन जब काफी देर बाद भी बीरबल नहीं आए तो बादशाह ने दूसरा सिपाही भेजा। उस सिपाही से भी बीरबल ने यही कहा, 'तुम चलो, बादशाह सलामत से कह देना कि मैं खिचड़ी पका रहा हूँ। पकते ही खाकर दरबार में पहुँच जाऊँगा।'

इसी प्रकार बादशाह ने एक के बाद दूसरा सिपाही बीरबल के पास भेजा। लेकिन सभी से बीरबल ने यही कह दिया, 'तुम चलो, बादशाह सलामत से कह देना कि मैं खिचड़ी पका रहा हूँ। पकते ही खाकर दरबार में पहुँच जाऊँगा।'

लेकिन जब शाम होने तक भी बीरबल दरबार में नहीं पहुँचे तो बादशाह स्वयं उनके घर की ओर चल पड़े। वहाँ पहुँचकर देखते क्या हैं कि एक काफी ऊँचे बाँस पर एक पतीली लटकी है और बीरबल बैठे हुए नीचे आग जला रहे हैं। यह देखकर उन्होंने पूछा, 'यह क्या कर रहे हो बीरबल?'

'जहाँपनाह, खिचड़ी पका रहा हूँ।' बीरबल ने कहा।

अरे, तुम पागल तो नहीं हुए हो? बादशाह बोले, 'कहीं इतनी दूर की आँच से खिचड़ी पक सकती है? ऐसे तो पतीली तक गर्मी भी नहीं पहुँचेगी।'

'हुज़ूर, जब एक दीपक से तालाब में खड़े आदमी तक गर्मी पहुँच सकती है तो नीचे जलती हुई आग की गर्मी पतीली तक भला क्यों नहीं पहुँचेगी?'

बादशाह तत्काल सारी बात समझ गए। उन्होंने तभी ब्राह्मण

को बुलाया। उससे माफी माँगी और एक हज़ार अशर्फियाँ देकर उसे विदा किया। बीरबल की खिचड़ी पक गई थी।

Glossary

गधा ही

अकबर	Akbar, a moghul emperor who ruled India (A.D. 1555-1605)
बादशाह M	emperor, king
राजा M	king
तम्बाकू M	tobacco
गधा M	a donkey, an ass
चरना Intr	to graze
पत्ता M	leaf
घास F	grass
व्यंग्य M	sarcasm
व्यंग्य करना Tr	to be sarcastic, to taunt
अर्थ M	meaning
झेंपना Intr	to be embarassed

अन्धों की फ़ेहरिस्त

अंधा M	blind man
फ़ेहरिस्त F	list
तैयार करना Tr	to make it ready

मुसीबत F	trouble
घर-घर जाना Intr	to go to each home
अपने-आप में	in itself
अच्छा-ख़ासा A	big enough, good enough (lit. good and special)
टालना Tr	to avoid, to put off
विचार M	idea
जहाँपनाह M	your Highness; lit. shelter giver to the world
दिखाई देना Tr	to appear
बिगड़ना Intr	to be angry
उलटा-सीधा	right or wrong (lit. crooked and straight)
बकना Intr	to babble, to make meaningless utterances
अच्छा-भला A	good and proper
उत्तर देना Tr	to answer
मूँज F	a kind of long reed used for making ropes
मँगवाना Tr	to send for
रस्सी F	rope
बटना Intr	to twist
मिर्ज़ा दो प्याज़ा	one of Akbar's nine famous court ministers

गुज़रना Intr	to pass by
उठाना Tr	to pick up
लग जाना Intr	to become involved in
एक-एक कर Adv	one at a time, one by one
सारा A	whole, all
दरबारी M	courtier
थमाना Tr	to hand over
हैरान होना Intr	to be perplexed, to be astonished
झुँझलाना Intr	to be annoyed
आगे बढ़ना Intr	to move forward

बीरबल की खिचड़ी

खिचड़ी F	a preparation of rice and pulse (dal) cooked together; idiomatically, a scheme, a hotchpotch
घोषणा करवाना Tr	to have an announcement made
सर्दी F	winter
तालाब M	pond, tank
खड़ा रहना Intr	to keep standing
अशर्फ़ी F	a gold coin
पुरस्कार M	prize, reward

हिम्मत F	courage
भला	after all
और वह भी सारी रात	'and that too, for the whole night?'
बेचारा A	poor
सख़्त A	severe
दरबार M	royal court
राह पकड़ना Intr	to take the route to, to be on one's way
हुज़ूर M	Your Majesty
आशा F	hope
धूमधाम F	pomp and grandeur
ध्यान M	attention
ध्यान बटाना Tr	to divert one's attention
महल M	palace
जलना Intr	to burn
दीपक M	oil lamp
जैसे-तैसे Adv	somehow or other
रात काटना Tr	to spend the night
पहरेदार M	guard
X पर ध्यान लगाये रहना	to keep concentrating on X
पता चलना Intr	to be aware of
बीतना Intr	to pass (used in time expressions)
लौटा देना Tr	to send away, to return something

रोना Intr	to cry
कल्पना Intr	to lament
करुण A	pathetic, sad
ऊँचे से A	sort of tall
बाँस M	bamboo
पतीली F	kettle
लटकाना Tr	to hang
धीमा-धीमा A	slow, rather slow
आग F	fire
जलाना Tr	to light, to burn
सिपाही M	soldier
बुलाना Tr	to call
भेजना Tr	to send
याद करना Tr	to remember
बादशाह सलामत M	'His Imperial Majesty'
पकना Intr	to cook
प्रकार M	kind
लटकना Intr	to hang
पागल A	crazy, mad
आँच F	the heat of flame
तत्काल Adv	right then
माफी F	forgiveness
माफी माँगना Tr	to beg forgiveness
विदा करना Tr	to bid farewell
बीरबल की खिचड़ी पक गई थी	'Birbal's plan had succeeded'

Grammar and Exercises

गधा ही

I. The Conjunctive Participle

A conjunctive participle is formed by adding the element कर to a verb in its simple stem form. This participle with a verb (in the construction V कर . . . V) expresses basically sequential action.

(1) The sequential action can be purely chronological, as in

वह खाकर आया।
He ate and then came.

(2) More commonly, the action represented by the first verb is a necessary or logical prerequisite to the accomplishment of the action represented by the second verb. For example,

ज़रा यहाँ आकर खिड़की बंद करो।
Please come (here) and close the door.

बाज़ार जाकर मेरे लिये कमीज़ खरीद लाओ।
Go to the store and get me a shirt.

वह यह सब देखकर बोला . . .
After looking everything over, he said . . .
Having considered everything, he said . . .

(3) Depending on the nature of the first verb, the conjunctive participle can express also simultaneous action. This generally happens when the verb implies a state rather than action. In this situation the conjunctive participle acts as a manner adverbial.

वह लेटकर पढ़ता है।
He studies lying down.

संभलकर चलो।
Move carefully.

(4) With certain verbs expressing mood, behavior or gesture it always has the force of a manner adverbial and can most often be translated in to English that way.

वह मुस्कुराकर बोली।
She said smilingly.

वह रोकर बोली . . .
lit., She said cryingly
She cried and said . . .

उसने घबराकर कहा . . .
she said nervously . . .

(5) This is a very productive construction in Hindi and occurs in numerous expressions. Very often they will have to be translated into English by a sequence of two verbs or in other ways.

हमने उससे जी भरकर बातें कीं।
I chatted with her to my heart's content.
(lit. filling my heart fully)

हम सोचकर बतायेंगे।
Let me think it over before I say anything.

मुझे यह देखकर बहुत गुस्सा आया।
I was very angry to see this.

मैं आपसे हाथ जोड़कर क्षमा माँगता हूँ।
I beg your forgiveness with folded hands.

II. The following sentences provide good idiomatic examples of this construction. Translate them into English appropriately

1. वह तम्बाकू के पत्ते न खाकर इधर-उधर की घास चर रहा है।
2. आप यहाँ से होकर घर जाइये।
3. माँ बच्चे को दूध पिलाकर सोने चली गई।
4. मैं आपको याद दिलाकर कह रहा हूँ।
5. मैंने पत्र लिखकर भेज दिया।

III. The Emphatic Participles भी and ही

(1) Hindi has two emphatic particles भी and ही. भी is very much like the English emphatic particle 'also' or 'too'. Like 'too', भी is an 'inclusive' emphatic particle:

He will go to Chicago; I will go, too.
वह शिकागो जा रहा है, मैं भी जाऊँगा।

ही in Hindi is an 'exclusive' emphatic particle. There is no neat one-word equivalent for this in English and can be translated in different ways depending on the context.

मैं ही शिकागो जाऊँगा।
It's me who will go to Chicago.
I alone will go to Chicago.

(2) In other contexts **भी** and **ही** have the force of emphasis as expressed by 'even' for **भी** and 'just, only' for **ही**.

आप भी इसे नहीं कर सकते।
Even you can't do it.

गधा तो गधा ही है।
A donkey after all is only a donkey.

Remember, ही and भी almost always occur next to the word or phrase that they emphasize.

IV. Translate the following sentences into English

1. मैं चाय भी नहीं पीता।
2. वह जल्दी ही चला गया।

3. अब आप की बताइये।
4. अभी रात भी नहीं हुई वे लोग सो भी गये।
5. बात ही ख़त्म हो गई।

V. Correlatives of Negation

Negatives of correlatives of the type 'Neither. . . nor' are expressed in Hindi by the construction '**न . . . न**'

न आप आये न आपने ख़बर दी।
You neither came nor gave any information.

न मैं सो पाता हूँ न जगा रह सकता हूँ।
I can neither fall asleep nor can stay awake.

With the emphatic particle **भी** this correlative occurs in the form '**नहीं . . . न**'

आप आये भी नहीं और न आपने ख़बर दी।
You neither came nor gave any information.
(You did not even come, nor did you give any information.)

मैं सो भी नहीं पाता हूँ और न जगा ही रह सकता हूँ।
I can neither fall asleep nor stay awake.

VI. Negation with Verb in the Imperatives

नहीं as a versatile negative form is used in many

contexts including the imperatives. However there is one more form of the negative, i.e. **मत** which occurs only with the Imperative and in no othere construction.

आप घर नहीं जाइये।
आप घर मत जाइये।

VII. Translate into Hindi

1. I can neither speak French nor write it.
2. I don't know much about wars nor do I want to know about them.
3. I don't know how to sing nor do I try to.
4. I neither eat meat nor fish.
5. Don't read that book.

अन्धों की फ़ेहरिस्त

I. Fill in the blanks choosing appropriately from the words given below

मैं ----------- अपने घर पर आराम कर रहा था। इसी समय कोई मिलने आया। बढ़ी ----------- हुई गर्मी की दोपहर में किसी का यों टपक पड़ना भी एक ----------- परेशानी की बात हो जाती है। मैंने सोचा यह कहाँ की ----------- । मैं यही सोचने में ------------- कि आनेवाले ने फिर से घंटी बजाई। अब उसे

----------- मुश्किल था। मन में बहुत सारी ----------- बातें आईं। न जाने कौन हो। ख़ासकर मकान-मालिक किराया लेने भी इसी समय आता है। आज तारीख़ भी तो पहली है।

अच्छा-भला, झुंझलाहट, अच्छा-ख़ासा, मन में उल्टा-सीधा आना, लग जाना, टालना, मुसीबत आ पड़ना।

II. Answer the following questions

1. बीरबल ने क्यों कहा, 'मुझे तो लगभग सभी अंधे दिखाई देते हैं।'
2. बीरबल कागज़ पर क्या लिखता गया?
3. बीरबल ने कैसे साबित किया कि सभी अंधे हैं?
4. बादशाह अकबर क्यों झेंप गए?

बीरबल की खिचड़ी

I. Pairs of Transitive and Causative Verbs

As explained in earlier lessons, just about every intransitive and transitive verb in Hindi has a causative counterpart in **-वा**; for example, खाना-खिलवाना। The causative verb can then take a second agent which occurs with the post position **से**; for example,

मैंने बच्चे को <u>नौकर से</u> खाना खिलवाया।
I had the servant feed the child.

Note the following pairs of transitive and causative verbs that occur in this lesson.

खाना	खिलाना
पढ़ना	पढ़वाना
सुनना	सुनवाना
भेजना	भिजवाना
लिखना	लिखवाना
देना	दिलवाना

II. Rewrite the following sentences using the causative counterpart of the verb used and add a second agent

1. बादशाह अकबर ने अपने दरबार में घोषणा की।
2. बीरबल ने ग़रीब ब्राह्मण को पुरस्कार दे दिया।
3. बादशाह ने बीरबल को दरबार में बुलाया।
4. बीरबल ने बादशाह को कहा कि मैं बाद में आऊँगा।
5. बादशाह ने ब्राह्मण को पुरस्कार भेज दिया।

III. The Adverbial in V –ते ही

The addition of **–ते ही** to a verb stem makes a time adverbial to express the meaning 'as soon as . . .'. The subject of the verb occurs in the possessive form:

रमेश के आते ही . . .
As soon as Ramesh arrived . . .

मेरे जाते ही. . .
No sooner had I left . . .

IV. Translate the following sentences into English

1. उसने घोषणा सुनते ही सीधे दरबार की राह पकड़ी।
2. वह सुबह होते ही सीधे दरबार में पहुँच गया।
3. मैं खिचड़ी पकते ही आ जाऊँगा।

V. Transform the sentences. Follow the model given below

Example

जैसे सुबह हुई मैं जग गया।
सुबह होते ही मैं जग गया।

1. ज्यों ही छुट्टी हुई लड़के घर चले गये।
2. जैसे ही वे बीमार पड़े अस्पताल चले गये।
3. जैसे ही खिचड़ी पकेगी मैं खाकर आ जाऊँगा।
4. ज्यों ही उसने घोषणा सुनी त्यों ही दरबार की राह पकड़ी।

प्रेमचन्द

Premchand is perhaps the most illustrious literary figure of modern Hindi prose fiction. Similar claims for him are made also by Urdu literature. He brought a very refreshing, vigorous and naturally fluent style to the use of the language on the one hand and social awareness concerning the lives of the urban middle class and the rural peasants on the other. His eminence as a creative writer very much lies in the fact that he accomplishes the purpose of effective social criticism by the beauty of his craft in presenting a poignant 'slice of life' rather than by being blatantly didactic. He was a prolific writer and produced approximately a dozen novels and three hundred short stories. *Godan* is his most famous and popular novel though *Rangbhumi* could be considered his magnum opus. Most of his short stories appear in eight volumes of the work titled *Mansarovar*. He was born in 1880 and died in 1936. He could justifiably be considered the greatest force in the development of modern prose fiction in Hindi.

प्रेमचन्द

हिन्दी कथा साहित्य में प्रेमचन्द को बहुत ऊँचा स्थान दिया जाता है। उनसे पहले के हिन्दी उपन्यासों में एक तो अच्छी कल्पना का अभाव है और दूसरे उनमें साधारण जीवन को नज़दीक से देखने की कमी है। इन उपन्यासों पर एक दोष और लगाया जाता है कि इनकी भाषा और शैली दोनों में ही कच्चापन है। लेकिन इस आख़िरी दोष का कारण यह भी है कि उन दिनों हिन्दी भाषा का रूप अभी बन ही रहा था। इस तरह प्रेमचन्द के सामने कथा साहित्य को जीवन और भाषा-शैली देने की कठिन समस्या थी। उन्होंने इस काम को बड़ी ही योग्यता से किया। उन्होंने तीन सौ से अधिक कहानियाँ और दर्जनों उपन्यास लिखे। इनमें हज़ारों चरित्र हैं और अनगिनत घटनाएँ। ये घटनाएँ और चरित्र उत्तर-प्रदेश के जीवन को बहुत ख़ूबी के साथ सामने लाते हैं। लगता है जैसे उनके वर्णनों में वहाँ का जीता-जागता चित्र ही खींचकर रख दिया गया हो। प्रेमचन्द पहले उर्दू में लिखते थे, बाद में हिन्दी में लिखने लगे। इसका एक फायदा यह भी हुआ कि उनकी भाषा में उर्दू के भी काफी शब्द आए और उनकी भाषा बोलचाल की भाषा के करीब आ गई। यह कहना उचित ही होगा कि हिन्दी उपन्यास और कहानी के विकास की नींव प्रेमचन्द ने ही पूरी की।

सन् 1880 में बनारस के पास ही प्रेमचन्द का जन्म हुआ। सोलह साल के थे तभी पिता की मृत्यु हो गई और परिवार की हालत अच्छी न होने के कारण वे हाई स्कूल से आगे पढ़ भी न सके। यद्यपि उनमें पढ़ने की इच्छा बहुत थी। उन्होंने खुद ही लिखा है कि, ''पांव में जूते न थे, देह पर साबित कपड़े न थे।

महंगाई अलग थी, बीस सेर के जौ थे। स्कूल से साढ़े तीन बजे छुट्टी मिलती थी। काशी के क्वींस कालेज में पढ़ता था। हेडमास्टर ने फीस माफ कर दी थी। इम्तिहान सिर पर था और मैं 'बाँस के फाटक', एक लड़के को पढ़ाने जाता था। पढ़ाकर छह बजे छुट्टी पाता। वहाँ से मेरा घर पाँच मील पर था। तेज़ चलने पर भी आठ बजे से पहले घर न पहुँच सकता। प्रातः काल आठ ही बजे फिर घर से चलना पड़ता था, कभी वक्त से स्कूल न पहुँचता। रात को भोजन करके . . . पढ़ने बैठता और न जाने कब सो जाता। फिर भी हिम्मत बाँधे हुए था।"

पढ़ाई छूट गई और प्रेमचन्द स्कूल मास्टर हो गए। बाद में वे स्कूलों के डिप्टी-इन्सपेक्टर भी बने। पढ़ने की लगन फिर भी नहीं छूटी और बहुत दिनों बाद सन् 1919 में उन्होंने इलाहाबाद विश्वविद्यालय से बी.ए. पास किया। प्रेमचन्द ने उर्दू में लिखना शुरू किया। उर्दू में वे 'नवाब राय' के नाम से लिखते थे। 1908 से बाद के छह वर्ष उनके जीवन में बहुत महत्व रखते हैं। इन्हीं दिनों में उन्होंने अपनी प्रसिद्ध कहानियाँ लिखीं।

उनके उपन्यास 'सोज़े-वतन' को सरकार ने ज़ब्त कर लिया। प्रेमचन्द के ख़िलाफ, लोगों को सरकार का विरोध करने की राय देने का भी, दोष लगाया गया। भाग्य अच्छा था, नौकरी बच गई। लेकिन एक नई मुसीबत यह आई कि जो भी लिखो, उसे छपवाने के पहले सरकार की आज्ञा ले लो। प्रेमचन्द ने 'नवाब राय' के नाम से लिखना छोड़ दिया और 'प्रेमचन्द' बन गए। बाद में वे नौकरी छोड़कर बनारस चले आए और उन्होंने प्रेस खोल लिया। अब वे दिन भर तो प्रेस का काम करते और रात को पढ़ते-लिखते। उनकी पत्नी शिवरानी देवी को उनका इतना अधिक काम करना पसंद नहीं था। स्वास्थ्य ख़राब था इसलिए कड़े परिश्रम से

उन्हें मना करना भी ज़रूरी था। प्रेमचन्द बस हँसकर कह देते :

"भाई तब क्या करूँ? सुबह घूमना भी ज़रूरी होता है। घूमकर आते ही नाश्ता करके अपने कमरे में काम करने बैठ जाता हूँ। खुद भी लिखता-पढ़ता हूँ और साथ में तुम्हारे बच्चों को भी लिखाता-पढ़ाता हूँ। इसके बाद फिर उठता हूँ। नहाता-धोता हूँ। उसके बाद प्रेस जाता हूँ। प्रेस से आकर एक घण्टा तक बच्चों से बात करता हूँ . . .। इसके बाद प्रेस का मुंशी आ जाता है। उससे कुछ न कुछ बोलना ही पड़ता है। नौ बजे उठकर खाना खाता हूँ। एक घण्टा ही बाकी बचता है। इतनी ही देर में चाहे जो कुछ लिखूँ-पढ़ूँ। इस पर सरकारी हुक्म है कि दस बजे सो जाओ। सरकारी हुक्म टाला भी जा सकता है, पर तुम्हारा तो टाला भी नहीं जा सकता। अब तुम्हीं बताओ कि इसमें कितना समय निकाल सकता हूँ? 'लीडर' तो मैं प्रेस में पढ़ता हूँ। मेरा तो एक-एक क्षण बँटा हुआ है। मैं तो ईश्वर से मनाता हूँ कि रात छोटी हुआ करे और दिन बड़ा।"

(शिवरानी देवी, प्रेमचन्द घर में)

अपने प्रेस से ही उन्होंने अपने कई उपन्यास छापे। देश के स्वतंत्रता आन्दोलन को बल देने के लिए उन्होंने 'हंस' और 'जागरण' अखबार निकाले। प्रेस तो घाटे का सौदा था ही, अब ऊपर से 'हंस' भी दो सौ रुपया महीने का नुकसान देने लगा। कई बार सरकार ने उन्हें 'हंस' पर नोटिस भी दी। इन परेशानियों के बीच भी 'हंस' बराबर निकलता रहा। 8 अक्तूबर 1936 को प्रेमचन्द की मृत्यु हो गई।

प्रेमचन्द के उपन्यासों में 'प्रेमाश्रम', 'कर्मभूमि', 'रंगभूमि', 'गबन', और 'गोदान' आदि प्रसिद्ध हैं। आखिरी उपन्यास 'गोदान'

तो सचमुच अमर रचना है। इन उपन्यासों में उनहेंने अपने चारों ओर के समाज का ही चित्र खींचा। स्वतंत्रता आन्दोलन को भी उनके उपन्यासों में उचित स्थान मिला। समाज की बुराईयों को लेकर तो वे सारे जीवन लड़ते रहे। वेश्या-सुधार, विधवा-विवाह, मज़दूरों और मालिकों का संबंध तथा किसानों की बुरी दशा—सबको प्रेमचन्द ने अपने उपन्यासों का विषय बनाया। 'गोदान' में गाँव के जीवन का सही वर्णन मिलता है। किसान 'होरी' और उसकी पत्नी 'धनिया' की जीवन कथा को लेकर जो भी कहा गया है, वह हर गाँव की कहानी है। इसमें मुख्य कथा के साथ-साथ एक दूसरी कथा भी है जो हमें शहर की ओर ले जाती है। इस तरह शहर और गाँव दोनों को ही समझने का मौका मिलता है। इस उपन्यास में जितने व्यक्ति हैं वे समाज के हर कोने से बहुत सोच-समझकर लाए गए हैं। लगता है कि सन् 1930--36 के बीच का उत्तर भारत ही इस उपन्यास के भीतर से झाँक रहा हो। आप इसे पढ़िए और पढ़ते ही रह जाइए। कई बार पढ़ने पर भी मन भरता नहीं। 'गोदान' हिन्दी का सबसे अच्छा उपन्यास है।

Glossary

कल्पना F	imagination
दोष M	fault
भाषा F	language
शैली F	style
कच्चापन M	immaturity (lit. unripeness)
रूप M	form
योग्यता F	competence
दर्ज़न M	dozen

चरित्र M	character
अनगिनत A	innumerable
घटना F	incident
खूबी F	quality, special merit
वर्णन M	description
जीना Intr	to live
जागना Intr	to wake up
जीता-जागता A	alive (lit. living and awake)
खींचना Tr	to draw
बोलचाल F	conversation
उचित A	proper
विकास M	development
नींव F	foundation
पूरा करना Tr	to complete
इच्छा F	desire
पाँव M	foot
देह F	body
साबित A	intact, whole, proved
फीस F	tuition fee
इम्तिहान M	examination
बाँस के फाटक M	name of a place in Banaras
हिम्मत बाँधना Tr	to keep up courage
डिप्टी इन्सपेक्टर M	Deputy Inspector—that is, Deputy to the District Inspector of Schools

लगन F	attachment, affection
बी.ए. M	B.A.
महत्व M	significance
सोज़े-वतन M	Premchand's first novel in Urdu
ज़ब्त करना Tr	to confiscate
के ख़िलाफ P	against, opposed
विरोध करना Tr	to oppose
राय F	advice
भाग्य M	fate, fortune
नौकरी F	job
मुसीबत F	trouble
आज्ञा F	order, command
कड़ा A	hard
परिश्रम M	hard work
मना करना Tr	to forbid, to prohibit
मुंशी M	clerk
हुक्म M	order
टालना Tr	to ignore
लीडर M	'Leader', the name of a popular English Daily in Allahabad
प्रेस M	'Press', that is, publishing house
क्षण M	moment
बँटना Intr	to be divided
मनाना Tr	to wish
बल M	strength

घाटा M	loss (in business)
सौदा M	deal
अमर A	immortal
रचना F	composition, creative writing
वेश्या F	prostitute
सुधार M	improvement, reform
विधवा F	widow
विवाह M	marriage
दशा F	condition
मुख्य A	main, important
मौका M	opportunity
झाँकना Tr	to reflect (lit. to peek, to have a glance)
मन भरना Intr	to be satisfied; sometimes, to be satiated

Grammar and Exercises

I. Some Special Conjunct Verbs

As explained before, conjunct verbs are of two kinds, one that are made with a noun and the other that are made with an adjective. (As noted earlier, the second element in these conjunct verbs most commonly is the verb **करना** for the transitive and **होना** for the intransitive.) A special kind of conjunct verb made with a noun uses an abstract noun in — ई derived from a verb.

पढ़ना	→ पढ़ाई	→ पढ़ाई करना	'to be engaged in studies'
सीना	→ सिलाई	→ सिलाई करना	'to do sewing'
चढ़ना	→ चढ़ाई	→ चढ़ाई करना	'to mount an attack'
लड़ाना	→ लड़ाई	→ लड़ाई करना	'to engage in a fight'
साफ़	→ सफ़ाई	→ सफ़ाई करना	'to do the cleaning'

Some abstract nouns derived from verbs of 'perception' take the verb **देना** in the conjunct verb formation; for example,

देखना	→ दिखाई	→ दिखाई देना	'to be visible'
सुनना	→ सुनाई	→ सुनाई देना	'to be audible/heard'

It is to be noted that these are intransitive verbs and the experiencer subject (one who 'perceives') occurs with the post position **को**.

मुझको कुछ दिखाई नहीं देता है।
Lit. Nothing is visible to me.
I can't see anything.

वहाँ से किसी को कुछ सुनाई नहीं देता है।
Lit. Nothing is audible to anyone from there.
Nobody can hear anything from that distance.

These abstract verbal nouns of perception can also take the verb **पड़ना** in their conjunct verb construction. The general connotation is 'sudden perception'.

मुझे रास्ते में एक बीमार कुत्ता दिखाई पड़ा।
I happened to notice a sick dog in the street.

मुझे गीत की एक कड़ी सुनाई पड़ी।
I happen to hear a line from a song.

II. Some Other Conjunct Verbs

पढ़ाई छोड़ना	Tr	'to give up studies'
पढ़ाई छूटना	Intr	'for studies to be discontinued'

नौकरी करने के लिये प्रेमचन्द ने पढ़ाई छोड़ दी।
Premchand gave up his studies in order to take up a job.

नौकरी के कारण प्रेमचन्द की पढ़ाई छूट गई।
Because of (the preoccupations of) a job Premchand's studies got discontinued.

III. Deletion of the Auxiliary

The auxiliary in Hindi can be deleted in some contexts; for example, in negative constructions:

वह रोज़ यहाँ आता है।
वह रोज़ नहीं आता (है)।
सरकारी हुक्म तो टाला भी जा सकता है।
पर तुम्हारा तो टाला भी नहीं जा सकता (है)।

Another context in which the auxiliary is deleted is the expression of the past habitual in the literary style of Hindi.

पढ़ा करं मैं छह बजे छुट्टी पाता।
रात को भोजन करके मैं पढ़ने बैठता।
न जाने मैं कब सो जाता।

IV. Exercise

One of the ways of expressing habitual action in Hindi is by using the modal verb करना in the construction **V-aa करना** (e.g. वह यहाँ रोज़ आया करता है/था 'He comes/used to come here everyday'). In the following passage the habitual action is expressed in this manner. Change all such sentences to express habitual action without करना and the auxiliary that occurs after it. Delete the auxiliary also wherever else you think it is possible to do so:

यह उन दिनों की बात है जब मैं कालेज में था। तब मैं बहुत सवेरे उठा करता था। पढ़ने का काम सुबह में कर लिया करता था। समय निकाल कर लाइब्रेरी में बैठा करता था। फिर शाम में दोस्तों

से गप्पें किया करता था। अब मुझसे इतनी मेहनत हो भी नहीं सकती है। यदि मैं विद्यार्थी होता तो भी बारह बजे से पहले नहीं सो सकता। लेकिन अब समय बदल गया है। अब मैं इतनी मेहनत नहीं कर पाता हूँ। आठ बजे से पहले उठ भी नहीं सकता हूँ।

V. Idioms and Expressions

1. सिर पर होना
   'some thing unpleasant or difficult that lies ahead or needs to be finished'

   इम्तिहान मेरे सिर पर हैं।
   I have to worry about the (impending) exam.

2. जीता जागता
   'live and kicking', 'very clear and apparent'

   प्रेमचन्द की कहानियों में समाज का जीता-जागता चित्र है।
   In the stories of Premchand there is a very live and real portrayal of the society.

3. मुसीबत आना/होना
   'for a difficult situation to arise'

   This expression requires the possessive form of the subject.

   मेरी तो मुसीबत आ गई/हो गई।
   I was in a difficult situation.

4. घाटे का सौदा
   'a losing proposition'

प्रेमचन्द के लिए प्रेस तो घाटे का सौदा था।
For Premchand running a press was a losing proposition.

5. मन भरना
'to be fully satisfied, to be satiated'

प्रेमचन्द की कहानियाँ इतनी अच्छी हैं कि कई बार पढ़ने पर भी मन नहीं भरता।
Premchand's stories are so good that one is not satiated even after reading them several times.

6. लगन छूटना
'to give up a commitment'

प्रेमचन्द की पढ़ाई छूट गई लेकिन पढ़ने की लगन नहीं छूटी।
Premchand's (formal) education was discontinued but his attachment to studies was not abated.

VI. Focus on Vocabulary

Make a special note on the following vocabulary and use them in meaningful sentences:

भाषा-शैली, वेश्या-सुधार, विधवा-विवाह, कल्पना, उपन्यास, चरित्र, विकास की नींव, अमर रचना।

VII. Answer the questions in not more than one or two sentences

1. प्रेमचन्द से पहले के उपन्यासों में कौन-से दोष मिलते हैं?

2. प्रेमचन्द के सामने क्या समस्या थी?
3. प्रेमचन्द के कथा-साहित्य की क्या विशेषता है?
4. प्रेमचन्द की भाषा-शैली की क्या विशेषता है?
5. प्रेमचन्द ने अपना नाम 'प्रेमचन्द' क्यों रखा?
6. प्रेमचन्द की कौन-सी रचनाएँ अधिक प्रसिद्ध हैं?
7. प्रेमचन्द के उपन्यासों के मुख्य विषय क्या हैं?
8. 'गोदान' प्रेमचन्द की सर्वश्रेष्ठ रचना क्यों कहलाता है?

झाँसी की रानी

The Rani of Jhansi was one of the most prominent fighters in the first War of Independence in 1857 (called the Sepoy Mutiny by the British). After her husband's death, the British annexed the kingdom of Jhansi. During the 1857 war she was one of the most prominent rebels who personally fought in the battlefield and in fact defeated the British army in several battles but was finally killed on the battlefield. She fought on horse-back with a sword. She was only 23 at the time of her death. A long poem describing her bravery was written by a woman poet of the twentieth century, Subhadra Kumari Chauhan. This long poem on Jhansi ki Rani has made Subhadra Kumari Chauhan very famous and has found her a place in modern Hindi literature.

The beauty of this poem lies in its rhyme scheme. Even though it is divided in four line stanzas, every line rhymes with every other line and seems to have the drum-beat of a war. It has a basic rhyme established by the first stanza, which keeps coming back in every other stanza. The intervening stanza using a different rhyme builds a kind of suspense for the eventual appearance of the original rhyme.

This suspense is matched by the suspense of the story or whatever was happening on the battle-field.

The poem describes the situation in 1857. The various kingdoms were shaken into action as if old India had become young once again. Then it gives a short introduction to Lakshmibai, the Rani of Jhansi and her childhood, how she grew up playing with swords and other weapons to eventually mature into a brave fighter for dignity.

झाँसी की रानी

सिंहासन हिल उठे, राजवंशों ने भृकुटी तानी थी,
बूढ़े भारत में भी आई फिर से नई जवानी थी।
गुमी हुई आज़ादी की कीमत सबने पहचानी थी,
दूर फिरंगी को करने की सबने मन में ठानी थी।

चमक उठी सन् सत्तावन में वह तलवार पुरानी थी,
बुंदेले हरबोलों के मुँह हमने सुनी कहानी थी,
खूब लड़ी मर्दानी वह तो झाँसी वाली रानी थी।

कानपुर के नाना की, मुँहबोली बहन 'छबीली' थी,
लक्ष्मीबाई नाम, पिता की वह संतान अकेली थी
नाना के संग पढ़ती थी वह, नाना के संग खेली थी,
बरछी, ढाल, कृपाण, कटारी उसकी यही सहेली थी
वीर शिवाजी की गाथाएँ उसको याद ज़बानी थी,
बुंदेले हरबोलों के मुँह हमने सुनी कहानी थी,
खूब लड़ी मर्दानी वह तो झाँसी वाली रानी थी।

Glossary

झाँसी F	a place in central India
सिंहासन M	throne
हिलना Intr	to shake
राजवंश M	royal family
भृकुटी M	eyebrow, frown
तानना Tr	to stretch
भृकुटी तानना	to knit eyebrows
जवानी F	youth
गुमना Intr	to be lost
आज़ादी F	independence
कीमत F	price
पहचानना Tr	to recognize
फिरंगी M	A European, also an Englishman
ठानना Tr	to determine
चमकना Intr	to shine
सन् सत्तावन में Adv	'In the year 1857 A.D.' (lit. 57)
तलवार M	sword
बुंदेला M	an inhabitant of Bundelkhand (a district in Central India) of Kshatriya caste
हरबोल M	another ethnic group

मुँह M	mouth
कहानी F	story
खूब A	wonderful
लड़ना Intr	to fight
मर्दानी A	masculine
रानी F	queen
कानपुर M	a city in Uttar Pradesh
नाना M	the name of the then ruler of Kanpur
मुँहबोला A	an informally adopted relationship
बहन F	sister
छबीला A	spruce, foppish
संतान F	child
अकेला A	only, alone
के संग P	with
बरछी F	dagger
ढाल F	shield
कृपाण M	dagger, sword
कटारी F	a small dagger
सहेली F	female friend
वीर A	strong
शिवाजी M	see introduction for description of character
गाथा F	story
ज़बानी A	oral, verbal

Grammar and Exercises

I. Idioms and Expressions

1. हिल उठना
   for established order to be shaken

   सिंहासन हिल उठा
   The established kingdoms or governments were shaken.

2. भृकुटी तानना
   to raise eyebrows, to express disapproval, to question the existing order of things.

3. कीमत पहचानना
   to realize the worth of something

4. मन में ठानना
   to be determined to do something

5. ज़बानी याद होना
   something to be in one's ready memory, to be on the tip of the tongue

6. X के मुँह सुनना
   to hear directly from X's mouth

A. Write the first two stanzas in prose order and also provide the meaning in Hindi.

B. Memorize the entire poem and prepare to recite in class.

C. Answer the following questions in Hindi

1. भारत के राजवंशों को क्रोध क्यों आया?
2. इस कविता में लक्ष्मीबाई के बचपन के बारे में क्या कहा गया है?

